# 一緒に冒険をする

西村佳哲

with 奈良県立図書情報館

弘文堂

# まえがきのかわりに

自分はここ3年ほど、ある山あいのまちで暮らしながら、一般的にはまちづくりと呼ばれる類の仕事にたずさわっている。が、「まちづくり」という言葉がピンと来ない。

年に何度か、やや日程の長いワークショップをひらいているが、「講師」はもちろん「ファシリテーター」という呼称にも違和感をおぼえることがある。

行き先がわかっていれば導くことができる。ディレクションできるし、期限があればマネージメントもできる。でも、どこへ行けばいいかわからないことについて、いつが終わりなのか不明確な事々について、手探りで一緒に取り組んでゆくとき、その中で、自分はなにをしていると言えばいいんだろう。

わからずにいたら、障がい者施設を営む2人の若い友人が見事に言語化してくれた。そのインタビューの再録から、この本を始めてみたい。

# 障がい者施設の冒険

福岡の障害福祉サービス事業所「工房まる」は、52名のメンバー（施設に通ってくる障がい者）が利用する施設だ。スタッフは非常勤を含み約35名。メンバーは日・月曜以外の週5日間「まる」に集まって、それぞれの作業にはげむ。

昔ながらの授産施設と違って、ここでは企業等の下請け仕事でなく、メンバーが〝得意なこと〟や〝つづけられること〟を活動にしている。具体的には木工、絵画、陶芸。それぞれの工房や道具立てがあり、スタッフが彼らとともにその成果物を商品に仕立ててゆく。絵がTシャツになったり、あるカフェで使われる食器がつくられていたり、猫をモチーフにした壁掛け時計が大人気だったり。

つまり与えられた仕事でなく、そこで生まれた仕事を重ねている。

その中心人物は、吉田修一さんと樋口龍二さんの2人。

彼らは社会福祉士などの教育課程を経て、この仕事に就いたわけではな

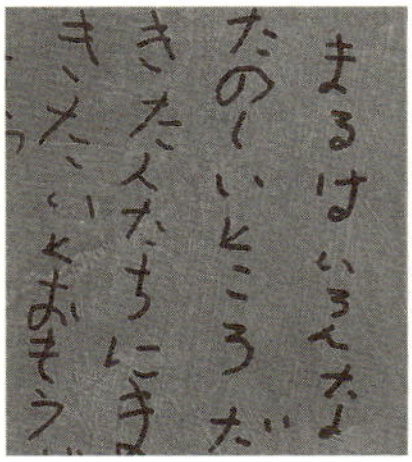

**工房まる**

１９９７年に開所した障害福祉サービス事業所としての「工房まる」と、10年後に設立された特定非営利活動法人としての「ＮＰＯ法人まる」の２つの顔がある。前者の施設長は吉田修一さん。後者の代表は樋口龍二さん。施設は福岡市南区の野間と三宅、西区野方の３ヶ所にあり、日・月曜以外の週5日間、スタッフと利用者のみなさんが通っている。

本インタビューの初出は日立製作所のウェブサイトでの連載「みどるな仕事を訪ねて」（２０１３）。当時は施設が2カ所、メンバーは34名、スタッフは20名だった。

工房まる

い。吉田さんは写真を学ぶ学生だった頃、樋口さんは高校を卒業して染織会社で働いていた頃にこの世界と出会ったそうだ。

吉田　僕は大学生の頃、自分の意志をはっきり口にするのが苦手なタイプでした。反発されるのが怖い時期があって。

そんなある日、ふと「能力面で障害があって言葉にできない人は、どうやって自分の想いを伝えているのかな？」と思ったんです。それで「障がい者」と呼ばれる人たちをテーマに写真を撮りたくなって、ある養護学校の了解をいただき、卒業制作として3ヶ月ほど通った。

でもいざ学校に行ってみたら、どうすればいいかまったくわからなかったんですよね。いままで出会ったことのないような人が、大勢いたものだから。

とりあえず、そこの先生の見様見真似で彼らに接し始めてみました。だけどじきにすごく疲れてきた。自分自身ではないから。ずっと誰かの真似をしているわけだから。

それで、あらためて撮影に集中し直したんです。そうしたら、彼らの方が僕に興味を持ち始めた。「首からなんかぶら下げた兄ちゃんが来てるよ」って。言葉からは出ないのだけど、僕のカメラに手を伸ばして来るようになったり。僕も触らせてあげたりして。そのコミュニケーションの始まりがすごく新鮮で。

それまで彼らは自分にとって、「何かしてあげなきゃいけない人」で、コミュニケーションが難しいというか、取れないと思っていた。けどカメラをきっかけに、なんとなくコミュニケーションが始まって。「あ、これでいいんだ」と。「○○してあげなくちゃ」と急いでかかわらなくても、時間をかけてゆっくりつながっていけばいいんだ、とそこで思ったんですよね。

そのあと大学院に進み、修了制作でまた同じテーマを選びました。今度は福祉作業所やご家庭の中にも入れてもらいながら、いろいろな現実を見聞きして。

で、卒業後に、利用者5名の小さな作業所で働くことを選んだんです。一年間通ってゆく中で次第に想いが高まっていって、たまたまその作業所が次の担い手を探す状況になったとき、「自分がやります」と言ってしまった。そして名前を「まる」と付け直して、この作業所を始めたんです。

**樋口**　僕が合流したのはその一年後ですね。1998年。吉田は大学時代にうちの兄貴とバンドを組んでいたのでよく会っていました。その彼が勤めていた施設を改装して自分で始めると聞いて、内装工事を手伝いに行き。オープンしてから「来てみてよ」と誘われた。

僕は小・中学校のとき、特別学級の人たちと仲良くできた方だと思っていたので、「大丈夫。OK、OK」という調子でガチャっとドアを開けたところで「うわぁ…」となった。車椅子の人がたくさんいるし、仰向けになって寝そべっている人もいて。

そのときのメンバーは8人くらいだったけれど、僕は彼らがいる空間の方に、なかなか入ってゆけなかったんです。「挨拶していいんだろうか？」「テレビ番組みたく『こんにちはーっ！』みたいなテンションで入ってゆかなくちゃいけないのかな？」「でも吉田くんに見られるのは恥ずかしい」という感じで、なかば固まってしまって。

「とりあえずそこにギターがあるから、向こうに行って弾いてみれば?」と吉田に言われて、「こんにちわー」と近づいてみたら、2人くらいのメンバーが「弾いてー」という感じで寄ってきたんです。

そこでちょこちょこ鳴らしてみたら、気持ちよかった。音を出すと反応してくれるし、遠目に「いいなぁ」という感じで見てくれている人もいて。楽しい。

けど「さっきまでなぜ近づけなかったのか?」と。そこを追求したくなって。結局その日は丸一日いて、メンバーを家に送ってゆくところまで全部ついて行った。お母さんたちにも会い。するとみんな普通に元気で。「なんだこれは?」と思いながら、その夜一緒に飲んでいたら吉田が、「障害って〝間《あいだ》〟にある気がするんだよね」と言ったんです。

## 一緒にいられる場をつくる

――障がい者の方に「障害」があるわけではなくて。

Ribbon
Citron

樋口　「車椅子の人は階段だと進めない。でもスロープがあれば『障害』はなくなる。そんな感覚だよ」と説明してくれた。「したい」という求めと対象の間に、「できる」ツールをつくれば関係はつながってゆくんだと。

吉田　なにかを「したい」から障害は生まれるのであって、もし「自分はこのままでいい」と欲求も関係も持たなければ、障害なんて生じない。つまりそれは〝間〟にある、という考え方です。

障がい者と健常者と呼ばれる人たちの間になぜ障害が生じてしまうかというと、それぞれの生きる道が分かれてしまっているからだと思う。生まれたときから障がいのある人とない人では、たとえば同じ保育所に入れなかったり、一緒の小学校にも中学・高等学校にもたいていの人が通えなかったり。子どもも会もそうだけど、同じ地域に住んでいても、ともに過ごす場がなかったりして。成長するにつれ存在はますます見えなくなり、さらに溝が深まってゆく。それで僕や樋口も「どうかかわればいいかわからない」と、最初は固まった。

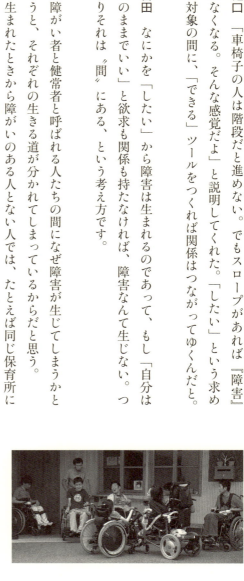

僕が通っていた地域の学校は、道徳教育が盛んで「差別はしちゃいけない」と教え込まれていました。でも街でそういう人を見かけると、つい目を背けてしまったり、あるいは逆に追ってしまう。特別な目で見てしまっていることはわかっていて、でもどうかかわればいいかわからない。怖さもあるし、話し掛ける理由もないし。

しかし彼らにかかわるきっかけも、関係を生む場も、時間も、なにもない。経験する場所がないのだから、どう付き合えばいいのかわからないのはあたり前ですよね。

――能力的な違いはあるし、なんでも一緒にできるわけじゃない。にしても、社会にまるで「いない」ようになってしまっていることで、さらに生じている障害や困難さがあると。

吉田　その原因が「生きている世界が区切られている」ことにあるのなら、両者がごく普通に日常的に集まれる場所が街の中にあればいいんじゃないか。そういう場や経験があれば、要らない差別や偏見は自然となくなってゆくのではないか、と思いながら「まる」を運営してきたんです。

## 互いに〝自立〟していること

吉田　「立春」や「立冬」などの、季節の変わり目をあらわす言葉がありますよね。ある人に「みなさん、あの意味がわかっていますか？」と訊かれたことがあった。

たとえば窓がある。そこから庭が見えていて、遠くには山が見えている。そのなにげない風景の中で、花が咲き始めていたり、雲に少し緩やかな感じがあったりして。そんな景色の広がりを「あ。春らしいな」と感じたときが立春なんですよと。その季節〝らしく〟なったときが「立」で、それは、なにかが立ち現れてきているということなんだ。

だから〝自立〟というのも、いろいろな人との関係の中で、その人らしさが立ち現れてきたときを指す言葉なんだよ、と言われて、なるほどと思った。経済的に不安がなくなることや、1人だけで生きてゆけるようになることが「自立」というわけではないのだなと。

それまで嫌いな言葉だったんです。うちのメンバーを見ている限り、いわゆる経済的な自立や、誰の助けも必要ないという意味での自立だとしたら非常にハードルが高い。そんな狭義の言葉なんだろうか？という疑問があったので、「障がい者の自立」という文句はあたり前のように使われるけど、敢えて使わずにいた。

でもその人「らしさ」が表に出てきて、そこが認められることを自立というのなら、うちはそのままやっているじゃないかと。

樋口　吉田はメンバーに、「やりたいことがあるのなら『やりたい』と言っていいんだ」と言うんです。「一人じゃできないからといって、想いを飲み込まないで」「やりたいことがあるならまずその想いを伝えなきゃ」と。

この場所も誰か一人の力で出来たわけじゃない。想いに共感して一緒に働いてくれた人たちがいるから、いまの「まる」がある。自分の想いを他人に伝えることも、自立のありようなんですよね。

身体に障がいのある人たちはコミュニケーションは取れる人が多いので、そんなふうに言われたことは染みるし、考えることができる。

しかし、たとえば「自立支援法」のような枠組みは、他人に頼らずに生

**自立支援法**
厚生労働省が２００５年に施行。地域ごとのサービス提供格差や、障害種別（身体障害・知的障害・精神障害）間の格差解消が図られたが、利用者の自己負担増等の問題が指摘され見直しが進む。その改正として「障害者総合支援法」が２０１４年から施行された。

きてゆける立派な労働者を底上げしようとしている。それが本当の幸せかな？　と思うわけです。

**吉田**　目の前のメンバーと、それこそ人間対人間の関係を築きたい。そのためには公平な土台が要る。互いにその人らしくあることが可能な環境が。

だから授産的なやり方でなく、創作を通じて仕事をつくり出す道を進んできた。メンバーにとって、「俺こんなのつくっているよ」とか「私はこの絵を描いている」とか、自分自身を誇れるようなものをつくってゆくのは、大事なことだと思う。自分の存在をあらわせる力を持てたら、もっと楽しくなると思うんですよね。

――楽しくなる。

**吉田**　生き方が。僕も写真をやっていたから養護学校に行けたし、いろいろな土地を訪ねることができたし。いろいろな動機も生まれて、その先々でいろいろなものを見て、学んで、いろんな人に出会い、自分の生き方が

絵：太田宏介さん

豊かになってきた気がするんですよ。

だから「まる」のメンバーにも、なにか自分の表現を見出して、それをきっかけにいろんな人とつながり、生き方そのものを豊かにしてもらえたらなと思うわけです。

**樋口**　それはメンバーの親についても。子どものことばかりでなく、親にも1人の人間として夢を追いかけて欲しい。

あるお母さんが「旦那と洋食店を開くのが夢だった」と話してくれたことがあるんです。「けど、子どもが生まれちゃったからね」と言う。それを聞きながら「息子のせいにせんといてくださいよ」と思うわけです。もちろんお母さんにではなく、そう親に言わせてしまう社会にもの申したいわけですけど。

でも僕らはたまたま恵まれていて、以前うちにいたスタッフがいま独立してヘルパー事業を営んでいて。そのメンバーはそこを利用してお風呂に入ったり、帰宅後の外出をサポートしてもらえるようになり、親が以前よりノビノビできるようになった。それでそのお母さんが旦那さんと洋食屋を始めることになって。嬉しくて壁塗りに行きましたよ。「よかったねー！」とか言いながら。そうでなくちゃね。

まわりの人たちにマイナス思考が働いていて、それが「障害」になってしまっていることもあるわけです。「障がいを持って生まれてきたうちの子は、この先こういう人生しか歩めない」という勝手な思い込みを持ってしまったら、それがその子にとって一番の障害にもなりかねない。

その人らしさが立ち上がってくることが自立であるとしたら、それは本人の努力だけでどうにかなる問題ではない、と思うわけです。

## 冒険の仲間になる

樋口　メンバーにもスタッフにも、個が薄まってしまうようなことは僕らはまったく求めていない。自分と「まる」でなにができるか？　自分と他のメンバーでなにができるか？　ということを常に考えてゆきたい。

仕事を「ただ作業をこなしている」ような時間にしないで、そこにちゃんと自分の満足があるように働いていて欲しいと思う。そういう時間を通じて、メンバーもスタッフも互いに自分らしくなってゆく。

でもいわゆる福祉サービスの現場では、なかなかそれができていない。

「福祉スタッフ」と「施設利用者」という関係の中で、「〇〇してあげなくてはいけない」というかかわり方にとらわれてしまっていて。

最初の頃、隣り合って座っているメンバー同士が、直接話せばいいのに僕らスタッフを介して話をしようとするのが気になったんですよね。小中高と、たとえば学校の先生を間に挟んでそんなふうにしてきたからだと思うけど、「おかしい」と。「これはメンバーたちといろいろ冒険しなくてはいけないいな」と思った。

自分の世界を、自分で狭めてしまっているので。この人たちをドキドキワクワクさせるものを、なにか仕掛けてゆかなくてはと。

たとえば彼らは、放課後に道草した経験がないんですよ。送り迎えがあるから。「ちょっと行ってみたいな」とか、未知なるものに興味を示して動いてゆく機会がなくて、自分がわかっている範囲の「この人は信頼できる」、「この人は大丈夫」というところへ向かってしまいがちな感じがあった。でもこちらには、「いやいや。もっと広いぜ」みたいな想いがあって。それで一緒に寄り道をしたり、読みたいものがあれば一緒に書店に行ったり。「僕ここ行ったことないんですよ」と聞くと、「行ってみようよ」と連れ出して、「海って深い」とか「少し沖に出ると怖い」ということをちょっと体感してみたりして。

すると彼らもそんな時間のことを、あとから思い出話のように語りかけてくるわけです。で、こちらも一緒に楽しんでいるから、「だよね！」という応答になる。

この感覚が大事というか、人と人というのは普通そうじゃないのか？と思う。友だち同士であるとか、ときには兄弟のように感じられる相手が増えてゆく、この感覚を楽しんで欲しいんです。

僕も吉田もスタッフには、指導でなく創造することを、つくってゆくことを一緒に楽しんで欲しいと、すごく言っている。これは大事なことだと思うんですよね。「あなたも知らないところへ、一緒に冒険しに行くんです」ということ。

**森山幸治**さんは、議会でなにをしているのか？

## 混ざっている時間が街にもっと増えたら

森山さんと初めて会ったのは岡山。２０１３年のこと。彼は議員になって2年目で、なかなか大変そうだった。「自分はカフェとかＤＪとか、反応がわかりやすい仕事をしてきた。けど政治やまちのことは、どんなに頑張ってもすぐ成果が出るわけじゃないし、今はしんどいですね」。

彼は最初、民主党の候補として選挙に出た。それまで政治にかかわりのなかった人が、担ぎ出された挙げ句、政党政治の煽りで言いたい放題言われている感じもあり、他人事とはいえ気の毒だった。

僕を岡山に呼んでくれたのは「ＥＮＮＯＶＡ（エンノバ）」というグループで、鹿児島・しょうぶ学園の福森さんなどの素敵なゲストを招いたトークイベントを開いており、会場の雰囲気の良さに感じ入るものがあった。

森山さんはその只中にいた。議員とはいえ、周囲の誰にも緊張は感じられない。むしろ温かくからかわれている感じで、安心して彼の周りにいる

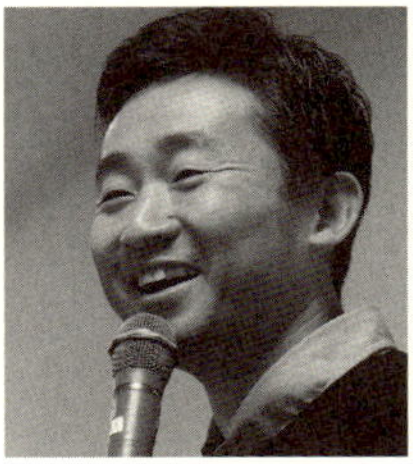

**森山幸治**（もりやま こうじ）
1974年・岡山生まれ。岡山市議会議員、カフェ等のオーナー。大学時代、音楽が好きで通い詰めたＤＪ Ｂａｒのマスターからの誘いをきっかけに、就職には向かわず、倉敷で洋服とレコード屋さんを開業。岡山へ移り、昼は洋服とレコードを売り、夜はカフェバーになるお店「サウダーヂな夜」をオープン。以後、他にも数店舗を経営しながら街場の横のつながりを楽しむ中、ある経緯で2011年に岡山市議会議員に出馬・当選。市政とカルチャーシーンと福祉をつなぐ、様々な活動を展開している。
Photo: Yuki Inui

感じだ。

場面はその約1年後。2015年1月の奈良県立図書情報館に移る。3日間のフォーラムが始まったばかりの、1階の大ホール。

各地から集った300名ほどの人々が、配付した森山さんの短い記事を黙読している。大勢いるのに会場はシンとしていて、正面に座っている僕と森山さんはヒマといえばヒマだ。

**森山**　（二人で話す音量で）…この中から誰か、今年4月の地方選に立候補しませんかね。まだ間に合う。僕も4年前のちょうどこの時期に決意して、選挙活動は実質3ヶ月だったから。今日をきっかけに、そんなことが生まれたら嬉しいな。

**土が悪いんじゃない？**

**森山**　よろしくお願いします。僕は二十歳の頃からずっとDJをやっています。喋るディスクジョッキーでなく、クラブとかで今もレコードを回

**奈良県立図書情報館**
2005年秋、奈良市に開館した公立図書館。デジタルスタジオなど、創造支援の機能も持つほか、さまざまなイベントを開催。2009年から3年に渡り開かれたフォーラム「自分の仕事を考える3日間」は、同館職員・乾聴一郎氏と西村の出会いから生まれたもの。全国に発信できるライブラリーを目指されている。

している。岡山市の生まれで、育ちが広島市。水俣（熊本）に実家があるので故郷が3つあります。大学4年生のときに倉敷市で洋服屋を開業して、25歳で岡山市に移り「サウダーヂな夜」というお店を出した。開いて15年。毎週のように音楽のライヴや演劇やコンテンポラリーのダンスなど、いろんなことが行われている劇場のような飲食店です。

店の近くには岡山城と後楽園がある。後楽園は日本三大名園の一つで、いわゆるカルチャーゾーンというか城下町エリアなんですけど、岡山市もどんどん郊外化が進んで、中心市街地の商店街はまぁすごく寂しい感じになっていて。

けどそこで店をやっている僕たちからすると、人のつながりもあり、愛着があって、大好きで離れたくない。しかしお店を頑張ってもなかなかこう芽が出ないというか。商店主の努力が足りないんだろうと僕らは自分を責めるのだけど、でも「それだけじゃないんじゃないか？」という想いが5年ぐらい前からすごくあった。

お客さんをこれ以上増やしてゆくことに限界を感じていたんです。僕たちは種をまいて水をあげて、肥料をあげて、芽が出て収穫できるのを楽し

Photo: Masako Nakagawa

みにしているのだけど、「ひょっとしたらこれは土が悪いんじゃない？」ということを考え始めていた。いわゆる行政のことを。

やっぱり土を耕さないと、いくら種をまいても芽は出ないんじゃないか。そこを確認しないといけない。このまま商売をつづけてもなんかうまくいかないのでは。街全体が面白くて人が集わないと、僕たちの商売もやっていけない。

そんなことをいろいろ思っていた頃に、ある国会議員の人から声がかかったんです。来年の4月に地方議員選挙がある。これからの地方には、あなたのように現場に立って活動している人たち、特に若い人がしっかり立っていってほしいと出馬を促された。

僕は政治にはまったく興味がなかったし、今でもノンポリだと言い切れる。そもそも選挙に出なくても、商売をしていること自体が政治というか地域にかかわっていくことだし。「いいです、いいです」と最初は断り続けてたんですけど、あきらめずオファーをいただいて。

よくよく考えてみたら、断ったところで発展はない。明日からなにか別の動きが起こるわけでもない。この時期の民主党って、政権はとっていたけどいろんな失態を繰り返していたし、選挙期間も3ヶ月しかないわけだから、まあ間違いなく通らない。たぶん声をかける候補者が他にいなかったんだと思うんです。

じゃあ選挙の結果にこだわらず、この3ヶ月を祭りにしてやろうと。カルチャーイベントは沢山やってきたわけだから、その一つとして。僕らのような街のあんちゃんたちが選挙にかかわってゆくことで何が起こるか、トライしてみよう。ということで話を受けて「時代は変わった。だけど社会は変わらない。ならば新しい世界を作ろう」という言葉を掲げ、選挙戦に入りました。

選挙事務所開きでは店（サウダーヂな夜）のスタッフもマイクを握って、「もう帰ってくる場所はありません」とか言っていて（笑）。

残り10日になった頃、橋の上に立っていわゆるドブ板をやった。本来自分は表に出て喋るのはすごい苦手なんです。いろんなイベントをやってきたけど、いつも仕掛ける裏方の立場でステージに上がったことは一度もなかったし。DJはしていたけど、あれは暗いところで黙々と曲を流すポジションですから。

でもその橋の上に、最初は一人か二人くらいだったけど、水商売をやっている20代・30代の若い人が「俺も行くよ」「俺も」という感じで集まって。7時半頃から立つんですけど、みんな3時とか4時頃まで店やって、寝ないでそのまま来てくれていて。「朝から若いあんちゃんたちが橋に立ってるのすげかった」と、後からいろんな方に言われた。車から声をかけてくれる人もいて。

開票日になり。2280票いただいてギリギリで当選したんです。現職の方も下に二人いたので、本当にまさかの結果でした。

## いま既にあるものを育てる

――議員になってまず最初に取り組んだのは？

森山　「マチナカギカイ」。とにかく市政が遠いんで、議会を街なかに持ってこようっていう。お寺や、老舗の喫茶店や、ライブハウスとか、いろんな場所でもう7回くらい開催している。

選挙戦の最中に3月11日の震災があって、議員になった頃「瓦礫の広域処理」がちょうど話題になっていた。岡山市でも次の議会で採決するという段階で、まずそれをテーマにしようと。大学の先生、カフェの経営者、編集者、NPOで頑張っている人、主婦、建築家、整体師。パネリストはみんな20から40代で、3時間の予定が結局5時間くらいあーだこーだ話し合った。

そこで出た声や意見を、僕は議会に持っていくわけです。

その後も「子育て」「都市交通」「観光政策」など、いろんなテーマで市の担当職員に来てもらい、説明も聞いて、集まったみんなで話を交わす。行政とみんなの顔つなぎがそこで出来て。僕を介さずに直接つながるようになり、新しい施策になった動きもあります。

役所の人は、最初は躊躇した。「いやちょっと勘弁してください」って。「なんで?」と訊くと、「批判される」と言う。

行政マンってクレームを受ける立場に置かれやすくて。市議会議員もそうなんですけど、批判されて心折れちゃうんですね。学校の先生も。とにかく怒られるから。でもそこで萎えてしまったら、本当にこの先どうなるんだ?と思う。

Photo: Kumi Shirakawa

――選挙で掲げた政策は?

**森山**　「公共スペースの使い方」。「発達障害の子どもたちの教育」。ある地区に「図書館をつくる」話。この3本立てです。

――公共スペース。

**森山**　僕はお店の他にも、街のいろんな場所で音楽イベントをやってきたけれど、市民会館や文化ホールのような公共スペースで開催するときの方が、自分の店よりたくさん集客があるんです。単に箱として大きいという話とは別に。一つには、やっぱり行きやすいんじゃないですかね。お店だとそこの個性が出ちゃいますから、興味はあっても店構えで入りづらい人もいるかもしれない。

そんな自分たちの店だけで、岡山に来てくれるアーティストたちを囲っておくのはもったいない。この街は音楽に強いんですよ。メジャーとマイナーの間ぐらいのミュージシャンには、広島や神戸より岡山の方が抜群に

Photo: Kumi Shirakawa

認知されている。「京都の次は大阪興行をとばして岡山で」ということもざらにある。観客もしっかりついているんです。

今年でちょうど40周年を迎えた「ペパーランド」というライブハウスと、「グリーンハウス」という、国内で老舗の部類に入るレコード屋さんがあるんですけど、その両店が時間をかけて積み上げてきたものがあり、その文脈のなかにうちの店もある。この財産をもっと公共的なものに拡げてゆくことができないか。さらにそこから始めて、地域の教育や文化にもつなげてゆけるんじゃないか、ということも思って。

たとえばフランスのアミアン市は、「ラヴェル・ブリュー」という音楽レーベルを持っているんです。世界中から前衛音楽やフリージャズのアーティストを集めて彼らのＣＤ制作を支援している。その結果なにが起こるかというと、日本の岡山という片田舎に住んでいる若者（昔の森山幸治）がそれを知るわけです。行政のアーティスト支援とレーベル運用が、シティ・プロモーションという公共政策につながっている。

一方で岡山には、国際音楽祭というイベントがあるんです。年間８０００万円付いている事業で、第1回目は演歌歌手がずらりと並んだ

**ラヴェル・ブリュー**
パリの北１２０キロに位置するアミアン市（人口15万人）は文化局・音楽出版部の一事業として、文化会館内にスタジオを設け、アーティストたちと作品制作を行うジャズレーベル「ＬＡＢＥＬ ＢＬＥＵ」（１９８６～）を運営してきた。

（笑）。市長が演歌が大好き。

――タイトル、なんだっけ？

**森山**　「岡山国際音楽祭」。文化政策について一般的に行政はレベルが低い、というかそもそもまだない。彼らからすると「文化」って、いまだに趣味・娯楽の範疇を出ていないんですよね。あるいは「赤い人ね」「反対ばっかりするんでしょ？」みたいな捉え方で、教育や福祉を含む周辺のいろいろなものを喚起しうるものとして「文化」を捉えていない。で、広告代理店に丸投げしてそこが芸能人を呼んで、イベント政策が行われる。

それを全部否定するわけではないけれど、たとえばその予算の中の1000万、あるいは500万円を使えば、街にあるお店や、音楽を好きな人たちが、ボランティアベースでもいろんな企画を実現できるじゃないですか。

たとえばいまブラジルやアルゼンチンのアーティストとのつながりは、東京と岡山が抜群に強い。それは彼らを呼べる個人がいるから。岡山に流しでワールドミュージックのCDを売ってる人がいるのだけど、こいつがもし何らかの事情でやめたら、そのつながりも一気になくなる。

——人に依存していますね。

森山　だからもっと行政の財産にしていければと思う。50の主体に10万円ずつとか、もう少し丁寧にお金をつけて応援できるんじゃないか。文化振興課の担当者と話していて、2年後にはそういうあり方に変えてゆこうという方向になっているんです。

## 議員を職業選択肢のひとつに

森山　そういうのが「土を耕してゆく」ことにつながるんじゃないか。土が豊かになっていれば、種をまいても成長すると思うんです。もはや個々の店の中だけでやっていても埒が明かない。

でも公共スペースには、商店街のアーケードも公園も、「運営」がない。行政管轄で維持・管理されているけどそれだけで、パブリックスペースとして運営されていない。「運営」がないんですよ。

——商店街を運営しているのは商店主ですよね。

**森山**　その商店主や地主の人たちに、今度は公共性のマインドがない。というか、多分わからなくなっているんですよね。「俺の店なんだから18時にシャッターを閉めてなにが悪い」と言ってしまいかねないというか。アーケードそのものは公共空間なのに。

たとえばその一角に行政のハード整備が行われるときも、周りで商売をしている人が一緒に関わってつくってゆく仕組みには現状なっていない。〝自助・共助・公助〟で言えば自助以外の枠組み、とくに共助の部分が大事だと思うのだけど、うまく扱えていないんです。

——「共」の社会領域について知見や経験がないし、トレーニングの機会もない。

**森山**　もう本当にそういうこと。街って、人や店のつながりで出来ているので、自分の店だけ頑張ったところで商売は難しいし、そもそも商店街を

「自助」自分で自分を助ける。「共助」家族・企業・地域コミュニティでともに助けあう。「公助」行政による救助や支援。防災対策や災害対応における公助の限界への認識にともなって広まった概念。

ただモノを売り買いする空間として見ない方がいいと思うんです。お年寄りが集っていたり、子どもの通学路にもなっていたりする。商業以外の、福祉や公共交通空間としての価値を共有しておきたい。

でも行政も行政で、民間の事業者には、なかなか公共スペースを使わせてくれない。

後楽園のこちら側に旧内山小学校の校舎があって、廃校と同時に、運動会や夏祭りのような地域の年中行事も失われていた。立候補のとき自分はこの学校跡地を、新しい表現や文化、教育や福祉など、なんらかの創造拠点にするべきだという話をかかげていて。議員になってからは3年間、「マチノブンカサイ」というフェスティバルをやっています。大貫妙子さんや、大友良英さん、畠山美由紀さんなどのミュージシャンが来る音楽プログラムを軸に、ワークショップや物販などで街のお店にもいろいろ関わってもらっている。

でも、このイベントの実現に10年かかっている。以前から「空いているなら使わせて欲しい」と何度も役場を訪ねていたけど、その都度門前払いをくらいまして。市民の権利として活かせるはずなんだけど、「あなたの金儲けのためには貸せない」と3年連続で断られていた。管轄が教育委員

会で、実直というか、経済という言葉にあまり理解がない感じなんですよね。

でも議員になったら「どうぞ先生、使ってください」って。

――先生（笑）。

**森山**　いや、本当にそういう世界なんですよ。僕がひとたび市役所の中を歩いていて先に扉があったら、職員さん後ろから走ってきて開けてくれますから。これは本当にびっくりしたし痛かった。時代がどこかで止まったままなんだなって。

議員さんの方も、自分の部屋に職員を呼びつけるんですよね。でも僕はずっと商売人だし、新人になったばかりだから営業しようと思って、最初いろんな課を「どうもどうも」と回ったんです。そういう議員さんはこれまでいなかったみたい。

――言い方が失礼だけど「使い勝手のいい」議員さんが一人いるだけで、街と人々の関係はまるで違うんでしょうね。

森山　議員は使ってなんぼ、使われてなんぼですよ。道具として本当に使って欲しいし、使われる議員にならないといけないと、なってみてすごく感じます。

市議会議員が特別な職業ではなくて、職業選択肢の一つに普通に入るようになったらいいなぁと思う。いまこの会場に「奈良の市議会議員です」という方いらっしゃいますかね。いないか。ここにも一人二人いるという具合になれば、すごく豊かになってゆくと思う。政治はどうしても一部の人たちだけがやっているのが現状なので。

でも僕に連絡をくれる若い地方議員の方は結構いて。あるいは「今年出ます」とか。増えている感覚はすごくある。

――行政は全体的に「コンパクトな自治体」を標榜していて、議員や行政職員を減らしてゆく傾向があるけど、どうなんだろう？

森山　現段階で議員を減らすのは自殺行為だと思います。市議になる前は「議員なんてお金たくさんもらって、ろくに仕事もせずに」という偏見で

Photo: Okayama shigikai

見てましたけど、いざその世界に入ってみたら、ここはよく考えないといけないなと。

僕たちの世代の投票率はいま20％とか30％ぐらいで、70歳ぐらいだと80〜90％。古株の議員さんたちはそこに支えられてるので枠が減っても通っていく。けどここで定数が減ってしまったら、やっぱり新人が通らない。岡山市議会も次の選挙で定数を減らすことになっているんです。

僕たちが必ず投票に行っていれば。たとえ票を入れたい候補がいなくても若い世代が投票している状況があれば、その結果は公平だと思いますけど、いまこの状況で減らすのはすごく危ないと思う。

地域の自治の根幹はやっぱり議会ですよ。「こういうのどうですか？」と行政からプランが上がっても、議会がそれを通さなければ実現しない。あらゆる決定権がある。市井の人々からの陳情や改善要望を議会で通すのも議員たちなので、その議会に若い人や、いろんな考えを持っている人が増えないと非常に危ない。

政策の中身より、「この党が出してきたから反対」とか「あの人が言っているから反対」とか、そういうのが現状ですから。

## 曲と曲の重なるところで

森山　音楽を聴きながら楽しげに商売していた俺たちのような連中が、真面目にドブ板選挙をしたわけです。それはもういてもたってもいられないというか。「いつもクールでオシャレにＤＪしてる森山さんが、なんで橋の上で挨拶してんの?」とかいろんなことを言われたけど、でも自分はもう飽きていた。

ちまたには牙を抜かれたようなカフェ・カルチャーが出来上がってきて、そこに甘んじてる自分たちも感じながら「なんかおかしいんじゃねぇ?」って常に思っていたんです。だからもう一回恥をさらすというか。そういう意味で「選挙やってやろうじゃん」って。もう本当につまんなかったんですよね。閉塞感もあったし、お客さんも広がらないし。

でも才能のあるアーティストは岡山や僕を目指して来てくれて、にもかかわらず集客の目処が立たずに断ることも結構増えていて。このままだと耐えられないし、箱側も潰れていくし。新しいことを始めないと。

――土を良くしないと。

森山　そう。お店のこともあるけれど。なんでそんなに街のことをやるの？　と訊かれたら、やっぱり子どもたちのためかな。僕、息子が知的障害児なんです。

その世界を初めて見たときに思ったのは、障がい者とか、高齢者とか、役場の人であるとか政党がどうとかそういうことじゃなくて、〝個人〟に落としてゆかないと結局なにも始まらない。やっぱり肩書や役職でなく、個人としてかかわっていかないと。たとえば「障がい者の人たち」という括りでなく、「いつも赤い服を着ている○○ちゃん」とか「○○さん」とか。個人としてつながる状況をつくれたら、その人はもう「障がい者」ではなくなるはずだし。

本当にそういう場を試作して、さらに日常的に継続できる成功例をつくれたら。行政は前例主義だから、それが全国に増えていくようになれば素敵だと思う。

役所の中は、教育・福祉・産業という具合に縦割りになっていて、福祉は福祉の領域だけで課題を解決しようとしているけど、みんな限界を感じている。でもまちづくりのまん中に〝子ども〟を置くといろいろつなげていきやすいし、あるいは〝文化〟を置いてつないでゆくなら、自分の得意なところも使える。

たとえばいいミュージシャンを沢山知っているから、彼らがデイサービスに行って、音楽療法というのか、発達障害の子たちとなにか表現してゆけるんじゃないかと考えたり。それで近くの中学校に、インドネシアのガムラン奏者を連れて行ってみたことがある。

ＤＪって。こっちの曲とこっちの曲が両方流れていて、その間にフェーダーがあって。それを片側からゆっくり動かしてゆくと、両方の曲が流れている状態になる。その瞬間、そこにしかない音ができるんです。

それをつないでいる時がすごく好きなんですよね。束の間なんですけど。フロアーで踊っている人たちもそこで「わーっ」てなるんです。新しい音が入ってきたとき。混ざっている。そういう時間がもっと街に増えたらいいなと思う。

このあいだ自分たちでやったイベント（瀬戸際国際芸術祭）で、すごくファッショナブルな女性と、重度の障害をもった車椅子の人が共存する場面を見たんですけど、悪くないと思った。そういうもんだろうと思ったし。その女のひとは涙を流していて。

福祉のシンポジウムを開いても、その分野以外のお洒落な若い女性は来ないから、やっぱりそこに音楽があるのは大事なんですよ。自分たちが仲間たちと共有してきた音楽や表現文化の可能性って、もっとすごいんじゃないか。福祉にも教育にもクロスさせていけば、何かもっと立ち上がっていくんじゃないかって。

民間だけでなく行政もちょっと仲間に入ってもらって。既得権を持っている一部の業者さんや組織の人たちだけでなく、もっと素敵な人たちがこんなにいるよって見てもらって。それを、一つずつこじ開けていきたい。

――市議会議員ってどんな仕事だったっけ？　と思いながらきいています。

**森山**　ああ、よく知らないんですよ、僕も（笑）。

**瀬戸際国際芸術祭**

「瀬戸内国際芸術祭」に合わせて開催されたカルチャーイベント。音楽・演劇等の表現を通じ、障がい福祉と社会のボーダーライン（誤解や偏見、固定概念）を飛び超え、新しい世界をつくり出す試み。２０１３年〜。

## 福田俊作さんが穂高養生園で考えてきたこと

# 治癒って、なんだろう？

松本駅で乗り換え穂高か有明の駅で降り、電車の窓から見えていた北アルプスの山裾にタクシーで入ってゆくと、景色は田園から広葉樹の森林に変わる。木漏れ日の中をしばらく走ると、左手に穂高養生園の看板があらわれる。

ここは約30年前に建てられたリトリートセンターだ。生きてゆく力を弱めてしまった人が、玄米菜食のご飯をいただきながら養生する滞在施設。ここ十数年は、加えて若い女性たちが、デトックスやヨガやマクロビオティック、アロママッサージ等の施術体験を含む穏やかな時間をすごしに訪れている。

そのまま道を進むと森はさらに深くなり、もう一ヶ所、養生園の土地があって、木立の中に、ワークショップなどに使われる建物がいくつか点在している。そこに生えていた栗の木や、出て来た石や土でつくられた自然

**福田俊作**（ふくだ しゅんさく）
1946年・大阪生まれ。穂高養生園代表。一日二食の玄米菜食と程よい運動を通じて自然治癒力を育む滞在を提供するリトリート施設「穂高養生園」のオーナー。食事・運動・休養こそ自然治癒力を高めるという想いから、1986年、安曇野に静養施設として開園。近年はヨガや自然菜食、デトックスなどの、静かな滞在を求める若い女性が多く訪ねている。養生園は、健康を失調した人や疲れてしまった人だけでなく、自然に沿った自分らしい暮らし方を求める若者が、人生の一時期にスタッフとして身を寄せる場所として機能しているようにも見える。

素材の建物。セルフビルドやパッシブエネルギー建築の展示場のようでもあり、そのことに興奮する人もいるかもしれない。

自分は10年ほど前からその一棟を借り切って、約1週間の滞在を重ねている。年に一度のペースで訪れながら養生園の様子を眺めてゆく中で、「代表の福田さんの話をゆっくり聞いてみたい」「いまの時代を生きている人たちと、なんらかの形で共有してみたい」という気持ちが強くなってきた。

福田さんのインタビューに入る前に、穂高養生園について自分なりの紹介をもう少し。いわゆる宿とはだいぶ異なるので。

食事は、朝10時半と夕方17時半の一日二食。副菜の多い玄米菜食で、とても美味しい。決して禁欲的ではない感じ。普段より一食減るものの意外にお腹はすかず、むしろ一食一食をしっかり味わえるし、一日の時間の流れもゆっくりしたものに変わる。

スタッフがとても多い。キッチン棟では、いつも3〜4名のスタッフが次の食事の準備をしている。談笑しながら長い時間をかけてつくっている光景は、食べる側としても嬉しい。

他の場所にもスタッフは多く、温泉のお湯を露天風呂に運んでいる若い

男性、ストーブ用の薪をつくっている別の男性、ご飯を食べている間に部屋を掃除している若い女性、カフェで焼き菓子を仕込んでいるまた別の女性、建設中の棟の木材を加工している若い大工や見習い衆など、数えたことはないが、いつも20名以上はいる感じだ。

ここにはボランティアスタッフという仕組みがあり、キッチンを手伝いながらマクロビオティックの食事づくりを学びたいとか、山間の暮らしの生活技術を身に付けたいとかやって来た若い人たちが無償で働きながら滞在している。スタッフの約2２割がこの立場だと聞く。

養生園は、心身に疲れを覚えた人が休みに来る場所だが、彼らスタッフたちにとっても、人生の中で一時的に身を寄せる居場所として、同じく養生的に機能しているように見える。

そんな背景もあってかどのスタッフにも、従業員であること以上に一個人としての人間性が強く感じられる。そこに「いる」感じのする人が多く、「同じ旅人同士」という関係でかかわり合えるところが、自分にもワークショップにも良い形で作用しているなと思う。

その穂高養生園の創設者であり代表が福田俊作さん。奈良のフォーラムの前に養生園でインタビューの時間を持ったところ、話が面白くて4時間にも及んでしまったのだが、その数ヶ月後のフォーラムで福田さんとの2時間半のセッションの最後、会場との時間の中で、2番目に手を挙げてくれたある参加者とのやり取りから。

**参加者**　京都から来ました。

自分は「場所を手に入れなきゃいけない」と思っていて。福田さんは養生園という場所をどのようにして手に入れたのか教えていただけたら。

**福田**　学生時代に3名のチベット人に出会った縁で、東京にダライ・ラマの代表部を立ち上げる活動にたずさわっていたのですが「僕がいなくてもこれはつづく」と思って。都市生活からも一度離れてみようと、信州に移ったんです。

郵便局の人に「このへんに空いた家はないですか?」と訊くと、「あそこの局が空いてる」と教えてくれた。そこを買って最初は鍼灸院をやっていました。けど次第に「また別の形の治療が必要だ」と思うようになって、そのための場所をあらためて探し直したんです。

ある日いま養生園が建っているあたりを歩いていたら、すごくいい原生林があって。「（滞在者の）散歩にもいいな」と思った。友人の知り合いのおじいちゃんが、「地主と交渉してやる」とつないでくれて買ったんですけど…こんな答えでいいですか？

**参加者**　ありがとうございます。コミュニケーションを密に取ることで得られてゆく信頼を焦ってお金で代えるのはよくないよなぁ、と感じながら聞いていました。

――信頼がないと手に入れられない、という気持ちがある？

**参加者**　そうですね。どうして自分は場所を得られないのかなと最近ずっと考えていたんですけど、信頼の有無が問題なのかなと。

Photo: Yuki Inui

福田　土地を手に入れて何かしたい。けどその場所がみつからない？

参加者　というか、自分の居場所が欲しい気持ちがある。

福田　なぜ見つからないんですか？

参加者　いやそれで、コミュニケーションを通じて信頼をつくっていく能力が自分には足りないのではないかと。

福田　熱意は？「自分の居場所が欲しい」と。あるんですか？

参加者　必要で、このままだと死んでしまうという気持ちがします。

福田　強烈な熱意が必要だと思います。

——たとえば今日のようなイベントがあり、サイトには「満員」と表示されている。その時点であきらめる人が結構いると思うけど、そう書いてあるのに「なんとかなりませんか？」「なんでもします」と問い合わせてくる人はいて、さらにいきなり来ちゃう人もいる。

で、確かに僕の経験でも、たいていの場は行ってしまえばなんとかなる。締め切られているのでもう入れないとか、参加費が高くて行けないとか、条件不足を理由に判断する思考回路は買い物と同じだなと思う。しかしモノの値段なんてそもそもあるようでないものだし、本当に渡りたかったら、橋がなくても自分で橋をかけてしまえばいい。「条件を満たしたら」という考え方は、埒があかない気もするのだけど。

福田　自分は20歳のとき、自転車で世界を一周して。帰ってから会う人の中に、「俺も時間があれば行くんだけどなぁ」とか「金があったら」と言う人がいた。

じゃあ、金をつくればいいし時間をつくればいい。そこにないのはやっぱりパッションだと思うんですよね。どれだけ自分が本気でそれをやりたいか。自分の中で、その熱意をいかにビルドアップしていくかだと思いますけど。

――福田さんは自分のそれを、どう確かめているんですか?

福田　ケースバイケースですよね。突然湧き起こってくることもあるし。ただ何かやりたいとき、僕らの意識はどうしても「できない理由」をつくりたがる。「これが足りない」とか「こんなことできない」とか。そういうのを取り外す。自分のジャッジを外していく。

自分自身を批判する意識は誰にでもあって、それが働きやすい。けど、できっこない現実があるのではなく、空想で「できっこない」と思っているわけです。それを取り外してゆくと、自分の中のパッションがより掻き立てられるというか。

――どんな方法で外してきたんですか?

福田　「自分を批判する意識がある」と、気付くことですね。「ジャッジしている」と気付く。

アイラ・プロゴフという心理学者が発案した「ジャーナル・ライティング」という技法も、自分が体験した方法の一つです。書くことによって自分の進む道を確認し、探し、見つけ出していく。思っていることをとにかく書いてみながら、浮かんでくる自分のジャッジを外して、進路を見つけてゆくんですけど。そういうのでもいい。

**参加者**　強いパッションもあるだろうけど、熾火のように消えないパッションを持っている人もいると思います。私はたぶんそういうタイプで、自分のまわりの生きづらい人たちと、けもの道のようなところを歩いている自負もある。だからバッと派手な成果は出にくい人生かもしれないけど、じわじわと自分のパッションを活かしてゆきたいと思いました。

**別の参加者**　養生園で数日過ごした経験があり、すごくいい場所だなと思っています。純度が高いというか、身体や心の中で起きていることに気づいてゆくには、本当にいい場所だなと思っていて。

でも、養生園を離れればまた別の世界がある。ある時期に壁を越えて養生園に行くことはあると思うんです。こういう場所（フォーラム）もそうだと思う。けど僕らが実際に暮らしていく場所にはもっといろんな人たちがいて、生きにくい人もいれば、変わった人も、話がうまく交わせないような人たちもいる。そういう、養生園とは違う世界にいる人たちに対して、福田さんはどんな眼差しを持っているんだろう。

**福田**　どう言えばいいかな。20年ぐらい前、40代の女性が来たんですね。悪性の骨髄腫が全身に転移していて、一人では歩けないぐらい痛みがあり、病院には「もう余命半年ぐらいじゃないか」と言われ。自分で闘病しようと思い、娘さんの肩を借りながら来られていた。
その人は養生園に数日いて、一年後にまた来られて。そのときには回復していたんです。

これは僕が治したわけでもなければ、養生園でよくなったわけでもない。彼女の珍しさは現代医学的な治療を一切しなかったことです。癌と共存して生きてゆくケースはそこそこあるのだけど、抗癌剤をまったく飲まないし放射線治療もしない、というケースはあまりない。知り合いの医者が彼女に頼み込んでCTを撮ってみたら、以前は全身の骨に転移していた黒い影が、骨盤あたりに少し残っている程度に退いていていて。「これは医学的にありえない」と頭を抱え込んでしまった。通常なら1回くらいは抗癌剤を入れていて、治ったら「それが効いた」という見方になる。けど彼女は現代医学的な治療を一切していなかったので、彼からすると手がかりがない。

その女性は、現代医学以外の手立てはいろいろ試していて、本人は「食事療法で治った」と言っていたけれど、なんにしても「人間が持っている治癒力っていうのはすごいな」と僕は思ったんです。こういうことが可能性としてありうるんだと。話としては耳にしていたけれど、直接触れる機会はあまりなくて。

で、先ほどのジャーナル・ライティングもそうだけれど、自分が進む道を自分で見出していく、自分自身の力で悩みを解決していく知恵が、やっぱり人間にはある。すごい力を持っているんだなと。

言葉だけでなく、一歩踏み出すことですよね。たとえば運動する。食事を変えてみる。睡眠をいい睡眠に変えてみるといった一歩踏み出した体験を伴うことで、自分の治癒力や知恵を深めていくことができるんじゃないかと思っています。

――そういうふうに自分を見ているし、他人も見ている。養生園に来る人たちに限らず、その辺のおじちゃんやおばちゃんたちのことも、そう見えている。

**福田**　はい。以前、癌のサポートプログラムで会った40代の男性を思い出しているんですけど、彼は会社員で毎日1時とか深夜まで働いて、それから食事をして飲んで、また朝起きて仕事をする。すごく仕事が好きでそういう自分の暮らし方を当たり前だと思っているし、なんのストレスも感じていない人でした。

でもたまたま検査をしたら癌の可能性が高いという結果が出て。そのプログラムに参加して初めて、自分が睡眠不足だったことや、忙しくて疲れていたとか、食事を不規則にしていたことがわかった。

サポートプログラム自体はもう本当にごく普通のものなのだけど、本人が送っている日常生活そのものがむしろ異常というか。そんなことが結構あると思うんですよね。そこを少し変えるだけで、身体は大きな変化をもたらす。半年後に癌の疑いは消えたんですけど。

――何歳ぐらいの頃？

福田　35か36だったかな。「治療ってどういうことだろう？」と、鍼灸の枠にとらわれずいろんなところを訪ねた。本や雑誌の情報や、あるいは人づてに聞いて。

――治療を見せてくださいって？

福田　そうです。「いいな」と思ったところでは、研修もさせてもらって。たとえば木更津に小倉先生という眼科の医者がいて、「目の病気は西洋的な治療では治らない」と、いろいろ試行錯誤していた。まず漢方薬を処方したけれどあまり成果があがらず、結果的に一日一食の玄米菜食に至っていた。あと毎日10キロ走る。雨の日だと6000回の縄跳び。

そこでは1週間ほど研修させてもらいました。毎朝一緒に走って、玄米菜食で、患者さんたちからもいろいろ話を聞いて。「あー、なるほどなるほど」と附に落ちる感じがあった。ただ逆に体調を崩している人もいた。

一日10キロ走るのは結構きついんです。

他にも橋本敬三という、外科医だけど、外科的な治療はいっさいせずに操体法をやっている先生がいて。気持ちよく感じる方に身体を動かす民間療法です。もうだいぶお歳でしたけど、どんな人が来てもとにかく操体法で身体の歪みを直す。食事療法には興味がねぇと。それはそれで面白いなと思った。

――何人くらいを訪ねたんですか？

福田　7～8人かな。いろんな考え方の人が、いろんな試行錯誤をしていた。これは面白いと。

じゃあアメリカやヨーロッパではどんなふうにやっているんだろう？と思い、次は7ヶ月くらいかけて海外を回ってみたんです。80年代の初め。カウンターカルチャーやヒッピー文化の潮流の中、医療の世界でもホリスティック医学、代替療法、補完療法といった名前で、新しいやり方や方向性を模索していた時代だった。

ただしアメリカは医師会が強くて、今はそんなことないんですけど、癌験談は『笑いと治癒力』という本にまとめられていて、僕が会いに行ったときはカリフォルニア大学の医学部の教授になっていた。

イギリスにはブリストル・キャンサー・ヘルプセンターという場所があった。ヨーロッパにおける代替医療の先駆け的な存在です。

ヨーロッパで会った何人かに「俺たちは東洋の影響を受けてそこから学ぼうとしているのに、その東洋医学を学んだあなたがなぜここに来るの？」と訊かれたけど、ここでも同じようなことを言われた。代表のアレック・フォーブス医師は昼食に招いていろんな話をきかせてくれました。

ここでは食事療法と、あと非常に深いリラックスをする（ディープリラクゼーション法）。癌の大きな原因の一つに「ストレス」を考えていて、治療法としてリラクゼーションをしていたんですね。僕も似たようなことを考え始めていたので、なるほど面白いなって。

ドイツのシュタイナーもルーカスクリニックという医院を開いていて、オイリュトミー療法という、音楽と、身体を動かすクリニックをしていた。バイオダイナミック農法の自家農園もやっていて、あれは素晴らしかった

**『笑いと治癒力』**ノーマン・カズンズ（岩波現代文庫）

**ルドルフ・シュタイナー**
1861〜1925。オーストリアの哲学者・神秘思想家。人智学と称する精神運動を創唱。その人間観や世界観は、芸術、教育、建築、農業、医学など複数の領域に「シュタイナー式」と呼ばれる体系を生み出した。有機農法・自然農法の一種である「バイオダイナミック農法」もその一つ。

な。あそこまでやっているところは、なかなかないですよね。

――すごい旅ですね。

福田　前もって連絡していたのでちゃんと受け入れてもらえた。時代も時代というか、東洋的なものに関心を持っている人が沢山いて、歓迎された部分もあると思います。

――今ならネットである程度調べることはできるけど、実際に訪ねる、しかも海外まで回る人はなかなかいないと思う。

福田　いないみたいですね。「自分に何ができるだろう」ということを、とにかく考えていました。あとやっぱり現場に行って、じかにその場で見てみないとわからない。

――とくに人を相手に行う仕事って一種の密室劇で、言葉ではなんとでも言える。

福田　で、旅を終えつつ思ったのは、「これがいい」という唯一の治療法はなかった。「ほどほどにいいな」というところはいくつかあったけど、変なものもいっぱいあったし。いまお話ししたのは「いいな」と思ったところです。

——それでも「ほどほど」なんですか？

福田　だと思います。何が足りないかというと、僕が見て回った中には、治療として〝運動〟をしているところがあまりなかった。

治療ってなんだろう？　というところに戻ると、ひとに対して他人が施術で治せることは限られていると僕は思ったんです。効果のあるものはあるけど、治せてはいない。ではどうすればいいか。病気の原因となっているものをカズンズのようによく考えると、3つに集約できると思った。一つは「食事」。一つは「運動不足」。そして「ストレス」。疲労ですね。

原因になっているこうしたものを変えることが、〝治療〟なのではないかなと思ったんです。

――すると、全部本人にはね返ってくる。

福田　そうですね。生活習慣病という言葉が使われるようになったのは15年くらい前のことだけど、生活習慣が原因でなる病気というのは。

糖尿病や脳血管障害や心臓病やメタボリック・シンドロームと診断された患者さんに、食事や運動のアドバイスは行われます。けどそれを〝治療〟とは捉えていない。人にもよると思いますが、医者も患者も「なるべくした方がいい」という感じで、それほど一生懸命でない。補助的に位置づけている。これは逆だと思うんですよ。最近になって運動を「治療である」と言う医学者もあらわれ始めたけど。

それで、「食事と運動と休養」の3つを中心にした場所をつくろう。具体的に、どんな食事をつくって、どんなふうに生活すればいいか体験できるようにしようと。ここは世間的には宿泊施設だけど、それをやろうという意識はあまりなかったんです。食事をして身体を動かせて休息をとる、ということを一緒にやろう。心と身体をより健康な状態にしよう。そのためには宿泊施設が要る、という順番でした。

でも最初のうちはほとんど人が来なかった。営業も知らないし経営もわからないし。本当につぶれていたかもしれない。事業性というものを理解するのには、ずいぶん時間がかかったように思います。5年か10年か。

そこをしっかり理解しないで、自分の理念だけでつっぱしるとこけてしまう。理念を語る人はすごく多いんですよね。「こういうのやりたい」と言う人はたくさん来るんです。医者だったりセラピストであったり。「私の理想とするところです」と。でも実現させる人はほとんどいない。やっぱり事業計画がないというか、あるいはそれ以前の、本当に実現させたいという情熱が足りないのかもしれないけど。

――福田さんがずっと求めているのは？

**福田**　シンプルに言えば、「健康になって欲しい」ということだと思います。僕はいま養生園で鍼灸はしていないけど、お申込みがあると健康相談をしている。これは「〇〇病だから〇〇の処方がある」というのではなく、その人と直接会って話を聴いて、対話の中でお互いに進む路を見つけ出していく。一緒に話をしながら、原因になっているものとその解決方法を見出していくんです。

生き方なり、悩みの解決について、誰かに「あなたの答えはこうです」と与えられるのではなく、体験から気付いて、自分で方向性を見つけていくのは大事なことだと思う。その方が広がりもあるし、持続する。

病気の相談から始まるけど、聴いてみると、本人が本当に話したいことや言いたいことが別のところにある場合が結構ある。一緒にいると、それは感じ合うものがありますよね。その部分に結構繊細に意識を持っているかもしれない。本人が話していることより、その人から感じられるものに自分は重きを置いていると思います。

内側からわき上がってくる感情や欲望にまず素直になることが大事で、そこから派生してきたものなら、僕は長続きすると思う。食事と運動と休養も。

他人から注意されたり教えてもらったことは、すぐに消えて忘れてしまう。スタッフも同じで僕が「ああやれ、こうやれ」と言うより、その人が気付いてやる方がいいものができる。心を開くというか、本人がやりたいようにやることがやっぱり大事だと思います。

そうしてスタッフ一人ひとりが、その人らしくいきいきとやっていることが、訪れるゲストにもいい巡りを生み出していると思う。

この間、デパートで働いている女の人が来たんです。毎日「いらっしゃいませ」と忙しく礼をして働いている人が、ここのスタッフの自然な振舞いに接して「すごく癒されました」と言っていたのが印象的で。なんでお客さんに、こんなふうに頭を、角度まで決められて下げなきゃいけないのか僕はよくわからないんだけど。さして深い意味のないことが、当たり前のようにまかり通って人間性を抑圧している。病気というのはある意味、「自分らしくない生き方をしている」という警告反応なのだと思う。

本人にとって、丸ごとの自分を受け入れることは、食事や運動や休養ともすごくつながっていて、それなしに生活スタイルはなかなか変わっていかない気がしている。つまり「運動した方がいい」「健康的な食事をした方がいい」「睡眠を十分にとった方がいい」と思ったところで、変わらないし変えられない。自分が自分の人間性を抑圧している日常生活の中で、食事療法をするべきだとか、運動をするべきだと言っても変わらない。

——無理をしたまま食事や運動や休養をとったところで、対症療法的になってしまう。

**福田**　そうそう。その抑圧や不自然さの原因は、要は今の日本の経済中心的なやり方で、そこにすごく無理があるのだと思います。

この30年、泊まりに来る人々の疲労度が増しているように見える。どんどんどんどん疲れている。昔は「忙しいですか？」と訊かれて「すごく忙しい」と答えるのは挨拶代わりのようだったけど、最近はそれが「疲れてる」に代わってしまったというか。

誰もがみんな疲れていて、それが当たり前で、疲れがどんどん深まっていく。病気の領域でも慢性疲労症候群や化学物質過敏症とか、疲労がもとになっている病気が増えている。鬱や統合失調症にしても、僕は疲労が大きく原因していると思うのだけど。

僕らが若かった頃は「経済的に豊かになれば本当に幸せになる」「いきいきとした生活ができる」と、豊かな社会への憧れをみんなが持っていたかもしれない。でも実際にある程度豊かになって、なんのためにそうなってきたのかわからない。

さらに言えば、経済的な豊かさを求めてきたのに政府は1000兆円を超える借金を抱えているという。個々人は、毎日働いて頑張ってなんとか生き延びてきたはずなのに、国全体では働いて働いてどんどん借金が増えてゆくというこの状態は到底想像できないことですよ。すごい矛盾だなと。なおかつ方向性を見失っている社会って、なんだろうと思う。

いつからこうなったのかわからないし、何を目指してるのかもわからないけど、これは長続きしないんじゃないかな。

## 充実したおもしろい状態へ

――養生園の建物がセルフビルド的につくられているのは、福田さんが建てるのが好きだから?

福田　山があるのでそこに生えている木を伐って材にするし、そこにある石や土を使っている。つくることには関心があるし、新しい棟を考えるのは楽しみだけど、建てるのが好きというのとは違う。

――ここの建築物は、個人のライフスパンを越えていますよね。

福田　どういうことですか？

――自然素材だから土にも還りやすいけど、しっかりつくられていて強度がある。つまり福田さんが亡くなっても残るということです。

自分はもういない時代に誰かが使うものを建てていることになる、と思うのですが、それはどんな気持ちなんだろうと一度訊いてみたかった。以前、「よくスタッフから〝ツリーハウスをつくって欲しい〟と言われるけどあれはつくりません」とも話していましたね。

福田　やっぱり建物は持続可能というか、ある程度の年数はしっかり使え

るものでなきゃいけないと思うんです。

昔ドームハウスを建ててみたことがあるのだけど、メンテナンスがすごく大変なんですよ。必ずどこかで雨漏りして、でも円形だからどこで漏っているのか分かりづらい。建てるのは楽でも結果的に修理しずらいんです。素人がつくるものはチャッチイものになりがちで、どうメンテナンスして使ってゆくかというところまで含めて、しっかりしたものでないといけないと思っている。

いつまでやるかはわからないけど、養生園自体はつづいてゆくんじゃないでしょうか。子どもたちがやるかもしれないし、こういうことに関心を持ってくれる人がやるかもしれないし。

僕自身は、実はちょっと旅に出たいと思っているんですよ。あと数年したら。二十歳ぐらいのときに自転車で一年間、一人で自転車に乗って、地球をぐるっと一回りしたことがあるんです。そのときにやっぱり、自分の中で大きな精神的変化があって。

人生においてすごく大きなイベントだったと思う。アメリカから始めてヨーロッパへ行き、中東に行って、インドへ行って。特にインドには強烈

な印象が残っている。自分の中で何かが変わったんですね。見るものの見方、聴くものの聴き方が変わった。

――何がどういうふうに変わったとは。

**福田**　言えないと思います。その旅のあとでは会う人も違うし、前とは違う音楽を聴くようになったし、読む本も全然変わったし。大きな変化がありましたね。それは1967年。それから50年ぐらいしたら、もう一度、また一年ぐらい旅をしたいなと思っているんです。

　自転車になるか何になるかわからないけど。その間ここはスタッフに任せて。もう一度裸になって旅をしてみたい。何も考えずに旅してみたい。養生園をやりながら、関係する人やいろんな施設を訪ねることはあったけれど、そこから離れて旅をしてみたい。

――福田さんには、なににつけあまり躊躇がない印象がある。

**福田**　考えはしますよ。でも考えたら行動する方だとは思います。行動化しないことは、あまり考えないかもしれない。どちらかというと考えることより、行動する方に目標を置いていますね。

世界を語る前に世界を体験するというか。

それはすごく大事なことだと思います。その場所で実感して初めてわかることがある。欧米の医療施設を回ったときにも、行って見てみないとわからなかったことが沢山ありましたから。

「食事・運動・休息が要る」とわかっているけど、生活習慣をなかなか変えられない人たちがいるわけです。意識が変わらない。

医学の世界では、身体が脳に影響を及ぼすとはあまり考えません。脳は脳で、そこでは毎日ものすごい勢いで脳細胞が死んでいて、若返ることもないと考えられている。だけど最近の研究の中に、適度な運動をすると脳の中枢にある海馬の細胞が活性化するという報告があるんです。つまり身体を動かすことで、僕らの精神が活動する「脳」に影響を及ぼすことができる。身体が心に影響を及ぼしてゆく。

だから僕も運動をする。ただ脚力を高めて山歩きするためではなくて、運動を通じて、自分の意識に働きかけることを大事にしている。意識を変えなくても、意識に影響を及ぼしてゆくことができる。健康法にはいろんなものがあるけどこれはちょっと違うんですよ。セラピーの領域では自己実現と呼ぶけれど、それでもないんだよな。「自分に気づく」というのとも違って。自分が本来の自分になるというか。

――自分が自然な状態にあることを可能にする関与を、自分に持つ。

福田　そうですね。日本語なら「あるがまま」「いまここ」とか、英語だと「マインドフル」とかいろんな言葉があるんですけど、なかなかいい言葉が見つからない。最終的には自分で実感してわかるものしかないいんじゃないかな。

「本当に健康である」とはどういうことだろう？ と思うんです。

ある時期仏教についていろいろ勉強して、頭ではある程度わかったと思う。でも附に落ちるような実感はなかった。そこまでは行かなかった。

インドから日本に帰ってきて養生園を始める前に、百日回峰行というのをやったんですね。百日回峰行は、奈良の吉野と大峰山の間を百日間くり返し歩く伝統的な修験道の行です。最初の50日間は吉野から大峰山まで、片道約25キロの距離を歩いて登って、大峰山に泊まり、次の日は下りてきてお寺に泊まる。そうして次の50日間は一日で往復する。朝2時に起きて、滝の水を浴びて、食事をいただいて大峰山に行って帰ってくる。ただ山を歩く。夜は座禅をするか本を読むか。それだけ。

一人でやるので、そのあいだ誰とも何も話さない。師匠から何か指導されるわけでもない。だから自分で考えなくてはならない。自分で感じ、体得する。ただそれだけなんです。

最初のうちはいろいろ考えることも多いけれど、だんだんだんだん考えなくなる。行の半ば過ぎだったかな。山を歩いてて、そういう疑念や考えが無くなってきて、自分のエネルギーと、周囲の気配やエネルギーが一つになるような感覚があったんですよね。風や、木や草の生命感と、自分の呼吸が一つになっていくような。あれはなんて言ったらいいかわからないけど。

でもなんていうんだろう。そこはすごく充実していて、至福感のようなものがあって。「死とは何か」と考えていた頃だったけど、そんな疑問もまったくなくて。すごく不思議な体験だったけど、言葉ではちょっと表現できない。
「健康」もそれと同じで、なかなか言葉にできない感じがあります。たとえばWHOによる定義のような、「何かがない」「障害がない」「疾病がない」「社会的な何かがない」状態を健康と言うのではなくて、もっと充実した、おもしろい状態なんですよ。僕のイメージはね。

たとえばお腹が痛かったり、頭が痛かったりすると、それだけで世界観や人間観が変わってしまうじゃないですか。とてもネガティブな気持ちになる。でもそれを、痛み止めの薬を飲むのではなく原因を考えて自分で取り除いたときは、単に痛みがとれた状態ではなくてもっと充実感や喜びが伴っている。
健康ってそういうものなんじゃないかな。自分で解決の糸口をつくり出したときは、そこに喜びや充実感がある。だから悩みや苦しみは決して悪いものではないし、病気も、悪いものではないと思うんですね。

**WHO**
世界保健機関。人間の健康を基本的人権の一つと捉え、その達成のために設立された国際連合機関。

## 野村友里さんは、レストランを開いて

# 自分を解放してあげる

野村友里さんは原宿駅の近くの、でも原宿にいることを忘れてしまいそうな住宅地の一角で、仲間たちと「eatrip」という小さなレストランを営んでいる。裏通りからさらに路地を入った奥にある、誰かが暮らしていた家を改装したお店。庭先には小さなフラワーショップが同居している。

彼女と初めて会ったのは十数年前。友里さんはあるインテリアの会社で、カフェ部門のマネージメントや他店のプロデュースの仕事にたずさわっていた。大学ではテニス部のキャプテンだったと聞いたことがあるけれど、みんなの気持ちを一つにするのが上手く、かつ前向きにする気質がある。彼女と働くことを、まわりの人たちが喜んでいる様子を、僕も傍らで楽しく拝見していた。

その後、友里さんは独立し、ケータリングの仕事を本格化する。「eatrip」という屋号はその頃から。FMラジオのパーソナリティとしての仕事も始

**野村友里**（のむら ゆり）
東京生まれ。料理人、フードクリエイティブチーム「eatrip」主宰。フードディレクター。料理の道に進んだ背景には、おもてなし教室を長年開いてきたお母さまの影響も大きいとのこと。映画『eatrip』を撮り終えた後、カリフォルニア・バークレーにあるアリス・ウォータースの名店「シェパニーズ」に手紙を書いて渡米・修業。帰国後、２０１２年に原宿で「restaurant eatrip」をオープン。食を通じて、人や場所・ものをつなげる仕事を展開している。
Photo: Yuki Inui

Photo: Aya Brackett

まり、元気に活躍している様子を雑誌等でも拝見していたが、連絡を取り合う機会のないまま10年以上が過ぎた。

その間に彼女は「eatrip」という同名の映画を撮り。追って「いまシェパニーズ（カリフォルニアのバークレーにあるレストラン）へ働きに行っている」という噂を聞き。さらに「帰ってきて、お店をひらいた」という近況を耳にして。4年ほど前にある仕事で再会。久しぶりに話を交わしているうちに、あらためて彼女の話をきいてみたい気持ちが高まってきた。

野村さんは一環して「料理」の仕事をしているのだが、僕としては「コミュニティ」という言葉の方がしっくり来る。お皿の上の料理をつくっているけれど、それ以上に、ある体温を持つ人々の界隈をつくり出しているように見える。開店前の「eatrip」で交わしたインタビューです。

## レストランをやる自信はなかった

野村　今度の1月、店のスタッフ全員でシェパニーズに行こうと話していて。そのスケジュールのやりくりが大変。年明けはレストランがいちばん静かな時期なの。そこでいろいろチャレンジできるので。

――友里さんがいま何をしているのか、どんなふうに歩んできたのか、聞かせてください。

**野村**　私はいま料理です。レストランを始めたけど、厨房には立っていない。雑誌の連載を書いたり、外でつくるケータリングの仕事が突発的にあったり。

「料理なのにな」と思いつつラジオの仕事はつづけている。もう10年以上になってしまったけど、自分が更新されるような大事な出会いも多くて。長くつづけられているのもありがたいなと思っています。

――レストランをひらいたけど、本人は調理していない？

**野村**　お店では。シェフがちゃんといるので、彼を立たせて一緒にやっている。eatripはチームワークでやっているの。「あなたがつくってくれる？じゃあ私こっちやるわ」という感じで。

一人で出来ることもやらせてもらってきたけれど、やっぱり「面で動く」というか、チームで動かせる楽しみや発信できる力強さもあると思っていて。料理を成り立たせるいろいろなことに、調理以外の役割で関わっている感じです。

たとえば私は、いろんな食材とそのつくり手に出会いに行って。1回だけじゃ人はわからないし、その土地のこともわからないから、何度も通う。人との出会いって点で終わってしまうようだとあまり意味がない。そういう縁を私が積極的に持ち帰っている。いちいちお店を閉めて行くわけにもいかないので、自分が「いいな」と思ったら次はみんなで行ったり。うちのレストランだけでなく横にも広げてみたり。

いろんな関わり方があると思うの。互いに役割分担で。私は一料理人としてやるより、いろんな人と出会う中で得てきた経験や動きをこのレストランに還元して、それがお客さまに流れてゆく。

そういう一人ではできないことを、みんなでやることで、他にない無二の存在としての仕事ができるんじゃないかな。時間は限られていて、一回の人生でそんなにたくさんのことはできないから。

——経営もしている？

**野村**　経営は…していないんじゃないかな（笑）。責任者だけど、数字はみんなで見ている。

私が担っているのは、さっきの食材のことと、あと人のつながり。おかげさまで海外のシェフもたくさん訪れてくれるし、一緒に料理をすることも多い。お客さまも多いので交差点みたいというか。この一ヶ所にいながら、いろんな流れを知ることができています。

飲食店ってワンオーナーの場合、同じ空間でずーっと黙々調理していると、煮詰まってしまいやすいところがどうしてもあると思う。するとお店を閉めて旅に出かけたり、年齢がいくと疲れてしまったり。選択肢が「閉めるか、つづけるか」という二択になりやすい部分があると思うの。

でもやっぱり料理は人がつくり出すものだから、その人がいつも新鮮で、気持ちよく前向きでいられるようでありたい。料理にはつくっている人の〝気〟も入ると思うので、本人がどんな状況にいるかというのがすごく大事。そのための刺激や社会の流れは、常に呼び込んでいます。お店がいい状態でつづいてゆくにはどんな環境が要るんだろう？　って、ずっと思ってきたので。

0から10までやらないと気が済まないタイプの料理人は、知り合いにもたくさんいます。それはそれで素晴らしい。ただ、逃げじゃないけど、女性がずっと厨房に立ちつづけるというのは、体力的にも本当にいろんなことが出てくる。私は男尊女卑ではないけど「女の人には向いてないな」と思う部分もあって。

だったら女性としてつづけられる形を考えたい。厨房に立つだけでないやり方もあるんじゃないか。いま働いてる女の子のスタッフも、結婚や子どもを産むときがきても、また復帰できるようにしておきたい。男の人も、責任もって頑張ってくれるけれど、その中で視野を広げられるようであるといいし。みんなが気持ちよく、長く働ける状態をつくってゆくための役割分担を考えてやっています。

本当はレストランをやる自信はまったく無かった。以前の仕事でレストランの開店準備にいくつもたずさわって、でもいま一軒も残っていない。維持するのはすごく大変だって、よくわかっていたから。
人と一緒に働くのも容易いことではないなと思っていて。やっぱり自分一人とか、お母さんと二人とかで働く方がストレスもないし、あったとしても付き合える。けど人を雇ってチームで働くというのは自分にとっては修業。そんな負担がかかるのは嫌だと思っていたし、基本的にはやりたくなかった。そういうのが得意な人は他にもいっぱいいるし。なにかあった時にはお金の負担も大きくなる。自分一人の責任ではなくなるし。

ただ、もしやるのであれば「地に足のついた土のある場所がいいね」って、仕事のパートナーで長い友人の壱岐ちゃんと話していたら、この場所を見つけてきちゃったんですよ。彼女は前の事務所を引っ越さなければならないタイミングで、引っ張り込んでくる運勢を持っている人だから物件に出会っちゃって。
「友里さん、これは今度こそ一緒にやらないと。一人じゃ借りれないし」って。私としても細々とした雑誌の連載では払えない家賃だったたし、「そりゃそうだ」と。「今度こそ流れで〝レストラン〟なんじゃないの?」

**壱岐ゆかりさん**
eatripの庭先につづく「the little shop of flowers」のオーナー。

と言われ。

同じ頃、いま一緒に働いているシェフや10年以上知っている人たちが「一緒にやりましょう」「やりましょう」と言ってくれていて。自分が店を開きたくて人を探して始める、というのはピンと来なかったけど、「タイミングが合えばいつでもやります」という心強い人が何人かいて、だったらこれも流れだし一緒に頑張ろうと。

で、蓋を開けてみたらいろいろな方が来てくださるし、挑戦すれば大変なこともたくさんあるけど、新しいことも同じくらいある。「そういうことか」と思って、いまはやっています。

――このお店の特徴を伝えるとしたら？

**野村**　まったくわかりません（笑）。「ここはこういうお店」というのは、あらかじめなくて。もちろん自分たちがベストだと思う料理を、できる限り納得のいく素材で、ありきたりだけど毎日掃除をして花を生けて、ということはしているけど、あとはお客さん自身がどう感じてくださるかが大事だなと思う。

――「こういう店をつくりたい」というのはなかった。

**野村**　特には。キッチンから空が見えないというのは私にはあり得なくて。やっぱり一日の流れや、風が感じられる方がいいので、オープンキッチンになる。それぐらい。

あとやっぱり自分の目の前でお客さんが喜んでくださっている様子が見えたり、今日はどんなお客さまがいらしたとか、そういうのがわからないと分業のようになってしまって、その日その日のバイブスも感じられない。レストランって本来そういうところが大事だと思うの。

自分がつくった料理を食べてくださる方の顔を一人も思い浮かべられないレストランもいっぱいあります。ホテルとか。特等席はお客さまに譲る形になりやすくて、厨房はどうしても陽当たりの悪いところにあることが多い。帰るときはもう真っ暗だったり。そういうのは避けたいなあと。

――数年前、一時期シェパニーズに働きに行っていた。そのときの経験もあって「自分もやろう」と思ったとか、そういうことは？

**野村**　まったくない。これまでどおり自分ができる範囲で、ケータリングのお仕事をつづけていても全然よかった。

## ずっとやっていればいいじゃない

**野村**　シェパニーズへ行った経緯には、「eatrip」という映画を撮ったことも大きくて。「なんで撮ったの？」とよく訊かれるのだけど、好きだなと思うことを一所懸命やっていったら、いろんなご縁をいただいたり、道が開けていった成り行きが私にはあって。その中で「本を出しましょう」とか、いろんな声をかけていただいていたんです。

でもそのとき、まだ本は早いと思ったし、そうまでして残すようなことをやってきたかな？と思ったし。現場のライブ感が好きだしなというのもあって。

むしろ自分のまわりに、一人の人間として素敵な人たちがいるなぁと。食を仕事にしてはいないけれど、食の側にもいい刺激を与えている人たち

映画「eatrip」より

が。「この人たちを紹介する方が、世の中のためになるんじゃないか」と純粋に思って。「それを形にするには映像がいいんじゃないかな」と。

ただ、いざ映画をつくり始めたら、生きた心地がしないくらい、いろいろいろいろあって。そしてつくり終えたとき、自分の中で「もっと足元を見て生きてゆきたいな」という想いが目覚めたんです。

誰も見ていないようなところでもきちっとしていたいし。野菜とかお米くらいはつくりたい。それは前から思っていたのに全然できていないなと。料理人である前に、一人の人としてちゃんとできることがいっぱいあるはずだとあらためて思った。

けど映画はつくったら終わりでなく、むしろそこが始まりで、今度は一人でも多くの人に見てもらうための仕事がたくさんあって。インタビューをうけたり、いろんなところにお呼ばれしたり。そうした中で話が広がってまた新しいお話をいただくのだけれど、私はもう病気になっちゃうくらいそれが苦痛になってしまって。

「足元を見て生きてゆきたい」と思ったのに、何やってるんだろうなあって。自分がいちばんしたいのは料理だよね？　と、すごく悩んだんです。なんかもうね、料理に没頭してみたかった。

でもいまから料理学校でもないし、どこかの厨房に入ったり弟子入りするかといっても、いまさら入りずらいし。どこだろう？　と考えたときに、たまたまアリス・ウォータースの存在を思い出した。

レストランをやっているけど、バークレーに一店舗しかない。日本からもいろんな話が持ち込まれたそうだけど、哲学に沿ってちゃんと断っている。お店に限らず食について、女性的な視点で、社会にすごく影響を与えている。「あっ。彼女がいたな」と思って。

で、会って話をきくだけだったら、インタビューとかいろんな形が可能だったと思うけど、私の特権は厨房に入れることじゃないかと思って。やっぱり自分で体験しないと私は言葉も何も出てこない。行ってみて、なにか違うなと思えばそれでいいし、馬が合えばそれでいいし。「簡単に入れない」と聞いていたけれど友達のツテで訊いてもらえて、手紙を書いて。30代後半になって履歴書を書いて、「はじめまして」と行ったの。

**アリス・ウォータース**
1944年生まれ。カリフォルニア州バークレーに同じベイエリアの有機農家たちと直接つながったレストラン「シェパニーズ」を開店（1971）。地域と結びついた食の理想像を具体的に提示しながら、多くの人材を育ててきた。

そうしたらもう初日から水を得た魚のようになって。「これだ！」と（笑）。アーティーチョークの皮を剥きながら「天職だ！」と思った。皮剥きでも喜べる。〝天職〟というのは、「私ってすごい料理人！」とかじゃなくて「心からやりたいと思えることを自分が持っている」という意味ね。好きなことがわかっている。自分の中でハッキリしてることがある。

――シェパニーズに行く前、少しそれがわかりにくくなっていた？

**野村**　そう、頭でっかちっていうか。なんだろうな。いろんなお仕事をさせてもらえるのは基本ありがたいんだけれど。

たとえば私が担当させてもらっているラジオ番組は「ロハスサンデー」と言って、環境に優しい暮らしがテーマなの。で、「あなたにとってロハスとは？」とかゲストに訊くんだけど、私自身がそういう暮らし方をしているかというと、たとえば古い車が好きで排気ガスがんがんで乗ってるしなあとか、なんか息苦しさを感じる部分はあって。環境の課題はわかるけれど、食についても「もっと楽しめる」というか。そんなところがモヤモヤしてたんでしょうね。

アリスの存在は以前から知ってはいたけど、本も読んだことなかったし、ブームになるとも思っていなかったし。お店には一度行ったことがあって感じがよかったなあとは思っていたけれど、実は関心というほどのものはなかった。

お店を構えつつ決して増やさない。できて40年間、いまだに予約が取れにくい店。生産者と距離が近く、しっかりつながったレストランのあり方をずっとかかげている。料理研究家というふうでもなく、地域の学校と取り組んできたエディブル・スクールヤードをはじめ、世の中にいい影響を与えている女性。「あぁ。そういう動き方もあるんだなぁ」とあらためて思って。

東京にいると他の仕事の声も掛けていただけるし、一つひとつは「ありがとうございます」と思えるものが多いのだけど、でもいろんな意味で「アウェイなところへ行こう」と思って。

いつもフレッシュでいたい、と思うんです。そこは気をつけたい。仕事には良くも悪くも、つづけてゆくとだんだん固まってきてしまうところが

**エディブル・スクールヤード**
アリス・ウォータースの地域新聞紙への寄稿をきっかけに、バークレー市の公立中学校が校庭の一角にあった駐車場のアスファルトを剥がして、有機農園とそれを運用するNPOを創設（1995）。学校の教員はNPOと連携しながら、農園を活かした授業づくりを重ねている。全米の学校にも展開。

あると思うので、いろんな考え方に耳を傾けながら、いつも時代に沿って生きてゆきたい。正解を目指すのではなく、「よりよくしたい」というところで切磋琢磨しながら、世の中の一員として生きてゆきたい。それにはどうしたらいいんだろう？

柔軟で新しい考え方のもとに、いろんな世代の人たちが集まっている環境はすごく楽しいし健全だなと思う。で、シェパニーズに行ってみたら、厨房にアリスは立っていないけれど、考え方でこれだけ広がりを生んでいて、新鮮な人たちが常にまわりにいる。その仕組みにはすごく共感しました。

社会の一員として何かできることはあるだろうか？　というのは、私は常に考えているの。だから発言権はしっかり持っていたい。影響力を持っているのはすごく大事なことだなあと。料理を通じてそれをつくってゆくというのは意識しているつもりで、そこは自分なりに模索しながらやってゆきたい。

——友里さんは、いつ頃から「料理」だったんだろう？

野村　あまり意識したことがなくて。私は、母がすごい料理好きというか人好きというか話し好きの家で、とにかくお客さまの絶えない家で育ったんです。その母の料理を介して、いろんな方の話を聴くのが好きで。普段とは全然違う話が聴けて。料理っていいもんだなっていうのは、小さな頃からなんとなく染みついていたんですけど。

そのあと10代で「何になりたい？」と悩んだとき、私はすごく音痴なのだけど「音楽もいいなぁ」とか「写真もいいなぁ」とか、お勉強はあまりできなかった方なので「絵も描きたいなぁ」とか言って。お金を貯めてイギリスに留学もしてみた。料理の専門学校と写真の現像学校に通って。

けど「料理」というところで友だちができ、それこそ居場所を得たというか、よくしてもらって。結果的にそれがいちばん自分の身を助けることになった。その延長上で他にもっと刺激的なことがあったら移っていたんだろうけど、そのきっかけも掴めないまま。でも「料理」でどんどん広がるし、お仕事もいただくし。

そういうのは他になかったから。目の前のことを精一杯、１００％やろうっていうこだわりもあるし、私、料理は飽きないんです。毎日できる。それで単純に料理がいちばん残っているというか。

——で、皮剥きして「これなんだなあ」と。

野村　やっぱり迷う必要はないというか。有名になろうがなるまいが、本を出そうが出すまいが、「とにかくずっとやっていればいいじゃない」って思ったの（笑）。

**自分を解放してあげる**

——そのまま厨房で没頭して、シェパニーズに残ることもできたの？

野村　できたんでしょうけど、私はインターンとして無給で働いていたんです。2週間おきに3ヶ月間向こうに行って、日数だとトータルで1ヶ月ぐらい。

でも、行ったことですごい晴れやかな気分になった。自分が生き生きとして、なんだろうな、すごく愛に溢れたというか。感謝の気持ちがすごく芽生えて。そういうものが自分の中から湧き上がってくる瞬間が、この歳になってもあるんだなと。「あっ。まだまだいける！」と思って嬉しかったんですね。

そのときはもうすごいテンションで。「ありがとうみんな！　生きていて良かった!!」というくらい、自分で自分を喜ばせてあげたっていう。

自分を解放したり喜ばせるのは、すごい大事なことだと思いました。「扉を開ける」というか。それっていくつになってもすごい大事なことで。そういうのが得意な人たちに出会うと、すごく嬉しくなる。

——まわりに多い？

野村　多い！　世間的にはアウトな人もいっぱいいるし、他人からは「大変そうね」と思われる人もいるかもしれないけど愉快な仲間たち、私には愛おしい人たち。勇気もすごくもらうし、「これでいいんだ」と思える人がまわりにいるのは幸せ。

――お店としての「eatrip」を、どんなふうにしてゆきたいという願いや考えがあるんだろうか?

**野村**　ないんですよね。常に新鮮で、みんなが生き生き働いていて、やっぱり好きっていう人たちが集まってくれていたらそれは嬉しい。

――日々そんな状況なら、起こることは自然に起こる気がするな。

**野村**　そう。本当に難しく考えないで。愛があればなんでも。そのことに愛があって、あと情熱があれば、そんなに難しいことではないと思う。

――「何を愛しているのかわからない」「情熱の在処がわからない」という相談があったら、どんな言葉を返す?

**野村**　行動すればいいんじゃない? 赴くままに。たとえば普通に歩いているだけでも「なんで自分はここ気になるのかな」って思うところはあるんじゃないかな。カフェでもいいし、もうちっちゃいところからで全然よくて。

あるいは今していることについて「ぬぁー！　嫌だー！」と思ったら、海に行けばいいし。それでもおさまらなかったら叫んでみたら？　と思う。そうしてみたら今度は「悪かったな…」と思えてきたり、いろいろあるじゃない？（笑）そういうのを、放っとかなきゃいいんじゃないかなって思う。

――自分の気持ちを。

野村　放っとくと何も起こらないし、何も始まらないし。よくない根が広がっていっちゃうときがあるから。

シェパニーズへ行ってみる前の私も、もう自分が嫌いになっちゃって。でも自分が嫌いってやっぱり可哀想じゃない。文句も言いがちで。「苦手なのに…」とか「あの人嫌い」とか。インタビューに来た人が「全部読んできました」って言ってるけど「（違うな…）」とか。ちっちゃいことがいっぱいあって、「面倒くさい！」と思い。「じゃあ、やめればいいじゃない？」とか「何したらいいわけ？」と考えたときに、もう大変なわけよ。生きるって。

でも皮剥きながら涙を流しそうになって、自分が喜んでいることを知ると、「まだこんないい感情を持っていたんだ」「自分も捨てたもんじゃないな」とか急にご機嫌になって。「太陽、ありがとう！」とか言いながら帰ってきて。自分が得たことや人から親切にされて楽しかったことをみんなにもお節介にわーっと伝え、それがオープンな行動になり、また新しい人と人の出会いにもなっていった。

だから自分のことを放っとかない、というか解放してあげる。温泉に行ったりお茶をしたりヨガに行ったりして疲れを癒すのが大事な時期もあるけれど、それはわりとすぐできる気がする。

解放っていうのはそれとはまた違う気がしていて、〝自分がひらく感覚〟っていうかな。自分自身を楽しめるというか。

このインタビューの2ヶ月後にフォーラムがあり、冒頭で話していた通り、eatripのスタッフはシェパニーズへ働きに出かけていた。友里さんはスタッフとの渡米の合間をぬって奈良に来て、図書館に集まった300

人の前に立ち、現地での様子を少し話してくれた。

**野村**　いまスタッフが行ってる。順繰りに。オープン3年目にして、やっとね。それが一つの夢だったから。毎日泣いているらしい。感動して。人があそこまで変わるのは、イタズラしているみたいで嬉しい（笑）。「でしょ？」って。

いまeatripで一緒に働いている仲間とは10年以上一緒に付き合っているのだけど、長く付き合ういいところって、その中で人がどんどん変わってゆくところ。そこにすごく醍醐味を感じていて。

人生って長い。それぞれ歩みは変わってゆくと思うんですね。でも感動とか、ワクワクする気持ちというのは、どんな人生であっても忘れて欲しくない。いまちょうどいい時期なんじゃないかな？と思って行ってもらったのだけど、「嬉しくて」って、毎日メールが届いていて。

――環境ってすごいね。

野村　本当にすごい。どんな言葉にも勝る。

――人って、植物みたいだね。

野村　うん。だから、何歳になっても変われると思う。

南沢典子さんの「会社観」をきく

# みんなが生きている森、暮らしている家のような

トークイベントなどを終えて会場の片隅にいると、参加していた人が話しかけてくる。その中にこれまで何人か、「あきゅらいず美養品で働いているんです」と言う女性がいた。

たずねたわけでもないのに自分から会社の名を語る彼女たちは、『私そこで働いているんですよ』とどこか嬉しそうで、あと『西村さんはご存知ですよね？』と、こっちが知っていることを少し期待している感じがした。気になって帰宅してから妻に訊くと、「すっぴんの肌を大切にしている基礎化粧品の会社」といろいろ教えてくれた。

以来「あきゅらいず」の名前は頭の一角に刻み込まれ、追って出会う新しい友人にも、その会社とどこかでつながっている人がいたり。我が人生における「あきゅらいず」登場頻度が次第に高くなる中、同社広報誌から取材の申込みがあり、本社を訪ねて、代表の南沢典子さんと出会った。

**南沢典子**（みなみさわ のりこ）
1967年・浅草生まれ。シンプルなスキンケア商品が人気の「あきゅらいず」創業者。高校卒業後、美容部員として就職した大手化粧品会社の入社式で「将来、社長になりたいです！」と明言した話は有名。騙されたような転職。一年間なかった給与支払い。離婚して二児を抱えるシングルマザーになり、一念発起の化粧品開発。中国薬科大学への直電アプローチなど、すごい体験談に事欠かないが、ご本人はきわめてあっけらかんとした風通しの良さ。

あきゅらいず美養品の本社は、ＪＲ中央線・武蔵境駅から南に向かった、武蔵野の面影を残す住宅地にある。大きな倉庫をオフィスに改装していて、1階にはミーティングスペースと、「森の楽校《がっこう》」と呼ばれる大きなフリースペースがあり、会社の社員総会やワークショップ・講習会等に使われている。

2階のオフィスは全体を見渡せるワンフロアーで、「社長室」や「経営企画室」のような閉じた空間はなかった。電話に答えるコールセンター・スタッフの声が軽く聞こえていて、居合わせる全員が互いの動きを感じながら働いている。

道路の向かい側には、物流センター「テトテト」がある。ここでは自社商品を中心に、他社の配送業務も受託して、いろいろな品物を全国に送り届けている。下の階に「森の食堂」という社員食堂があって野菜たっぷりのランチが提供されているのだけど、ここも近所の方々に開かれていた。

あらかじめ流通センターを自前で持つ計画があって、事業の成長とともにそれを実現したのかな？とか、地域との関係づくりと福利厚生を考える中で食堂をつくったのかな？と考えたが、どれもそういうことではな

いみたい。

流通センターについては、以前外注していた物流会社から倒産を告げられ、勤めていた全社員を引き受けて事業化したという。彼らの仕事ぶりに満足していたし感謝していたとか。

食堂については、「テトテト」という名称になったその配送センターで働く一人の女性がある頃から他の職員の昼食をつくるようになり、次第にそれがエスカレートする。「食堂のおばちゃんになるのが夢だった」という南沢さんとの語らいも経て、「社員食堂やってみよう！」と始まったとか。


あきゅらいず美養品は、自分たちの会社を「森」のメタファーで語る。ある動画では、「森を構成する生き物たちのように、多様性を尊重しあえる社内文化を目指しています」と語っていたけれど、本当にそんなふうに見える。

このあと南沢さんのインタビューを通じて、そのごく一部分を分かち合ってみたいのだけど、基礎化粧品の企画・製造・通販を本体に周辺の関連会社とつながり合った彼らの事業と活動の枝葉は、実に多岐にわたる。

そしてそのどれも、あらかじめ設計図があったわけではなく「こんなことがあって」「たまたま○○さんがいたので」といった〝ことの次第〟や〝めぐり合わせ〟の連鎖で形づくられている。

まさに時を重ねてゆく森のようで、オーガニックな化粧品を扱っているわけだけど、会社のあり方そのものが極めて有機的で奥深い。彼女の話を聞きながら、「会社ってなんだっけ？」と何度も思った。

**めいめいが自分を発揮できる環境を**

南沢　あきゅらいず美養品は、スキンケア商品の通販会社なんですけれど、そこからいただいた利益で、いろんなことをしています。

高校を出て就職すると決めた17歳ぐらいのとき、「どんな働き方をしたい？」って自分で考えたんです。「会社は夢を想像したり実現する場所でそこへ向かうのだから、改札を出ていく人たちはさぞかし目がキラキラしてるんじゃないか」と、朝、駅に立って観察してみた。

でも「ちぇっ」とか「我先に」みたいな顔で通り抜けてゆく大人がいたり、「はぁ…」と慌てふためいて出勤するＯＬたちの姿を見て。「うーん。

働くって何だろうな」と。

これから働き始める自分の姿も、誰かが見る。そのときに「あの人なんか楽しそう。どこ行くの？」と思われるようだったらいいな、と思ったんですね。

——ちなみにどの駅で？

**南沢** 新橋。

——よりによって（笑）。

**南沢** たまたま通学路が押上から三田で。新橋って、毎朝すごい沢山の人が降りていたので、じゃあここで見ようかなと。具体的にどんな仕事をしているのかはともかく、職場へどんなふうに向かっているかというのは、いろんな人から見えるし、見られている。本当に一人ひとりが会社の看板になるんだなと思った。

私の時代はいわゆる近所づきあいもすごくあって、実際に聞かれました。「毎朝楽しそうに仕事に行くわね。どこで働いてるの?」って。それで「資生堂で美容部員やってます」と答えると、「そうなの? 素敵ね」「じゃあどんな化粧品がいい?」とか、「どんなメイクしたらいいの?」と近所のおばさんから聞かれる。で、「夜ならマッサージしてあげますよ」って、お手入れとかしてあげてたんですね。すると「じゃあ典ちゃん、ちょっと化粧品買ってきて」と頼まれて、それは自分の売上にもなる。

あきゅらいずでも「どこに勤めてるの?」と訊かれるぐらい、スタッフがいきいきしていて、きれいになっているといい。

逆に「いつも辛そうね。どこで働いているの?」と訊かれて「あきゅらいず」と答えてしまうようだと、「えっ!?」って感じじゃないですか。広告にお金を使わなくても、そういう一つひとつの積み重ねがある。一人のまわりに友達とか、つながっている人が、100人ぐらいはいると思うんですよね。

――南沢さんは会社というものをどう考えていますか?

南沢　働いている人たちが「こんな場所があったらいいよね」「それやったら面白いかもね」と語り合って、それを実現できる場所だといい。森の食堂もそんな感じ。「みんなに食堂をつくりたい」「食堂のおばちゃんになりたい」と思っていたんです。

——昔から？

南沢　6～7年ぐらい前、会社が目黒にあったとき下にコンビニが入っていて、どうしてもみんなそこで買って来たもので済ませちゃうのがすごく気になっていて。身体を壊してしまうし、健康を売っている自分たちがこれではよくないなと。

それで料理好きのスタッフにお願いして、週イチで「まかないの日」を始めたんです。みんなの健康を考えると、将来は自分が食堂のおばちゃんになって、相手の顔色見て「ちょっとあんたこれ足りないよ」と出せるくらいになれたらいいなあって思っていたんですね。

で、目黒からいまのところに移って。物流の「テトテト」のスタッフにもうすぐ定年を迎える人がいたんです。梱包の手が遅くなっちゃって、ラインではみんなとちょっとリズムが合わなくて。問題ではないけれど、「あの人と一緒だと自分の仕事が遅くなる」みたいな感じが生じていたんです。どうしようかなと。本人に聞いてみると「私はこの会社に想いがあるから、働けるんだったらまだ働きたい…」と。「じゃあ、なにができますかね？」と聞いたら「美味しいご飯だったらつくれる」と言ったんです。

「すごい！　またとないチャンスだ」と思って（笑）。私も食堂つくりたいと思ってたし、この人はできるって言うし。じゃあやろうか、みたいな話で食堂ができた。社内で「食堂に移りたい人いますか？」と尋ねたら、プラスもう何人か出てきて。近所のお母さん方にも働きに来てもらう形で始めて。彼女はいま70歳を超えています。年配の人が調理スタッフには多いのだけど、みんなは「わぁこれ美味しい！　どうやってつくるの？」という感じで。

出荷のラインで「一緒だと遅くなる」とクレームのついていた人が、違う場所を用意したら「これどうつくるの？」と、必要とされる人材になるのはすごい。これはちょっと面白い。

――日頃から、いっぱい感じたり考えていて、それがタイミングや人と合

わさってゆくんだな。だからたぶん基本は、いつも考えている。

南沢　インタビューで「プライベートと仕事をどう切り分けていますか？」とよく訊かれるけど、私は「寝ているとき」と「起きているとき」しか切り分けがなくて。

そこなんでしょうね、きっと。線引きがない。最初に資生堂の美容部員として働き始めたときから、ずーっと考えている気がする。いや、学生の頃のアルバイトでも「ここで終わり」と時間で区切った仕事の仕方をしたことがなくて。

で、最初はまわりの人にもそれを求めることがあった。たまに今も。「なんで考えないのかな？」と不思議に思っちゃうので、それは課題ですね。そこに大きな勘違いがあったんだなっていうのは会社を経営するようになってからわかった。みんながみんなそんなには考えないんだなぁ、って。たとえば買い物をして「こういうサービスって嬉しい」という体験があったとき、「自分もちょっとやってみよう」と実践できる場が仕事としてあるわけだから、すごく楽しいじゃないですか？

でも「一日中仕事のことを考えていたくない」みたいな。「そういう人もいるんだなぁ。私はわからない」ということが、わかってきた（笑）。スタッフに「みんながみんな南さんじゃないんだからね」と言われたことがあって。自分があたり前だと思っていたことを、あたり前じゃないと知ったときのショック。「えーっ、そうなの？」って。でもあまり懲りないので、今でも言うかも（笑）。境目はない方が楽しいよね。

みんなにとって会社は、異空間を楽しめて、そこで自分の得意なことを生かしきれる場所だといい。だからある程度制約がなくて、なるべく「誰が何してもいい」ようなな。みんなでしていることに楽しさを見つけられて、この会社に来るとこんな発想が出て来る、という。深呼吸しながら存分に自分を発揮できる。それが「森」というビジョンなんだと思う。

多様性があって、調和がとれている。そんな環境をつくりたい。

## 本当によいと思ったことを

——その森のような会社は、他の会社と、どんなところが具体的に違うんでしょう?

**南沢**　そうですねー。たとえば「会社の中に委員会があるのが面白い」とよく言われる。学校みたいだって。図書委員会とか、美化委員会とか、誕生日委員会とかあるんですよ。

当初は十数あって次第に整理されてきた。各委員会のメンバーは毎年入れ替わっていて、「今年は○○委員会をやりたい」みたいな感じ。で、「ここは掃除しましょう」とか「こんな図書がお勧めです」とか「誕生日にはこんなことしたい」とか。きっかけは総務の仕事の棚卸しです。書き出してみたら量がすごく多くて、「これは、今の一人や二人ではできないよね」「じゃあ委員会制度にしましょう」みたいな。

——会社のやり方を、自分たちで考えるミーティングをしている。

**南沢**　そうです。1ヶ月に一度、毎月15日に「15(イチゴ)会議」というのがあって。メンバーは、パートやアルバイトを除く全スタッフ。この会議は結構すったもんだがあるんですよね。

**南沢**「委員会制度は6年ほどで終了しました。人が入れ替わると、それまでの働き方に合わない人が出てきて維持できなくなった。押し付けでなく、いま必要とされる働きやすさに変化してゆくのが大事ですね」（以下、本人の後日談はすべて2018年1月時点）

ただの連絡会議のようになって来ると「そんなことにこの時間を使うのは勿体ない」という声が出て来て、「じゃあ討論しよう」と。今度は「この議論にパートタイムの人が参加していないのはどうなの?」「決められたことをやらされているとかブツブツ文句言うんだったら、この会議に出てもらった方がいいですよね」とか。そんな問題提起が、いろいろ出てくるんです。

うちはいまスタッフ全体が50人くらいで、パートさんが15~16人ほど。総務の人はいまパートさんで、この会議については出席管理だけしてくれていたのだけど「今回は私も出てみます」と参加して、「こんな重要な会議なのに(パートタイムの人たちが)出ていないのは、やっぱり変だと思います!」となったり。みんな結構、思ったことをそのまま口にする。「モヤモヤする」とか。「じゃあ各テーブルいまから3分間、どうしたらパートさんにも出てもらえる会議になるか話し合い!」とか振って、3分後に「発表!」と。問題も解決方法も、みんなで話し合っている。

あと「貢献人」という形で働いている人もいます。あきゅらいずのオフィスに、個人事業主が机を持っているような。「うちと毎月だいたいこ

南沢「現在は全員が社員です」

れくらいの仕事量があるね」というところで報酬を固定化して、その金額を満たすように貢献できることを本人が見つけて働く。そういう制度です。

始まったのは5~6年前。新卒の人材採用をお願いしていた会社が潰れてしまって。でもお金は何百万も支払い済みで、その仕事が宙ぶらりんになってしまい。どうしようかと話していたら、その担当者さんが「中途半端な状態で無責任に離れるのは嫌だ」って。「じゃあ、あなた責任果たしてくれる?」と。「これだけ渡すから、あなたが動ける範囲で貢献してもらえたら」と伝えた。

そこから制度として形になって、いま貢献人制度で採用して一緒に働いている人は4人くらいいます。編集系の方。イラストの方。Webの方。あとパンの先生。

みなさん個人事業主で、彼らに「1ヶ月でこれを完成してください」と投げる。働き方については制限なし。他の会社の仕事をしてもらっても全く構わない。たとえば普通だと1ヶ月分の仕事を、20日間でまとめてしまえば10日間休めるし、出勤の義務もない。外注みたいな。

――でも、会社の中に一緒にいるんだ。

南沢　はい。その人たちも15会議にメンバーとして入っている。

貢献人は外のことをよく知ってるので、内部メンバーだけだと固まってしまうような部分に「話の本質はここだと思うんですけど」と、角度の違う視点を投げ込んでくれる。「あきゅらいずは他の会社よりここが優れているから、そこをもっと見ないとダメだよ」とか、外から見た意見を言ってくれるんです。そこが面白い。

新しいプロジェクトのディレクターには、「合う人は誰か」と考えて、社外の人材に入ってもらうんです。そのプロデュースを行う会社も別途つくり、創業時から一緒にやってきた松本さんが、別途オフィスを構えてやっている。「Mima」。未来のあたり前、という意味。

ディレクターを外部から迎えるのはすごくいいんです。あきゅらいずの中も活性化するし、プロジェクト単位だから「いつまでになにを」という期日も決まっている。内部の人材が通常の仕事もこなしながら進めるより、いろんな意味で速い。最先端のところを切り取ってディレクションし

創業以来のパートナーで、南沢さんの現旦那でもある松本毅史さん。(Photo: Yuki Inui)

**南沢**「いまは『管理しない』ことを徹底して、出勤退勤・月々のスケジュールは各自が決めています(所定労働時間を毎月事前に告知し、自分の生活に合わせて働く)。コールセンターのスタッフを除いて、会社以外のどこで仕事をしてもいい。部署によっては地方で暮らしつつネット出勤するスタッフも。貢献人はmimaに窓口を移しました。働き方・稼ぎ・休み・仕事場など、個人事業主としてすべて本人が調整。起業したい人もmimaに移ってもらい、2年後に独立させる方針でやっています」

てゆくこともできる。

あとそうですね。うちのスタッフは全員が「決裁権」を持っているんです。お客さまに「こうして欲しい」と言われたら、自己責任で判断し対応していい。お客さまが喜べばよくて、それに対して会社はダメとか言いませんという。

普通はコールセンターの責任者が決済する。一人あたり5～10人くらいのスタッフを見ていて、「お客さまが今こういう感じで。どう対応したらいいですか？」と上がってきた話に「じゃあこうしてください」と判断して対応するのが一般的なんですが、電話口のスタッフがその場で「わかりました。じゃあこうしましょうか？」と言う。お客さまは「えっ？速い」みたいな。

事務的な処理能力や、リーダーとしてチームをまとめるやり方は、他のコールセンターに行って教えてもらっているんです。けどやっぱり「決済の裁量を個人個人が持っている」ところは、他の会社では「えっ!?」となるみたい。「驚かれてます。私たちのやってること」「いや、そうだよね」と言いながら一緒に帰っていったり。

本当に基礎的なことは伝えるけど、逆に教えすぎないようにしている。簡単なトークスクリプトは最近つくり始めたけれど、一般的なコールセンターの言葉遣いも教えない。「あなたが、お客さまに本当に良いと思ったことをしてください」というのが教育の筋だから。

**性分と事業モデルが合っていれば**

――最初は石鹸で、基礎化粧品に広がり、9年目にはアロマオイルもつくりはじめていますね。

南沢　スタッフの結婚相手が、たまたま屋久島の方だったんですね。旦那方のお父さんが島の地スギを活用する促進運動の会長さんで。会社に何度か来て「いやー、君たちはいいことをやっている」「なにか一緒にやりましょう！」と言ってくれて。でも「私たち、家とか売りませんから」と答えていたのですが、「いいから一度屋久島に」という話になって。それで観光気分で行ってみたら、いろんな出会いがあって。(西村注…面白い話

がドカンドカンつづくのですが、ページ数の都合で省きます）

——山口県の自社農園は、どんなふうに？

南沢　松本の母の再婚相手が農園を営んでいて。それがきっかけです。

（——とにかく〝人〟から始まるんだな）

南沢　農業って本当に食べていくのが大変なんですね。だからこそ兼業農家をされている方々が多いわけですが、兼業だと結局週末だけになり、時間が限られるので農薬を使う形になりやすい現状があります。

山里の美しい風景を守りたい。あとお客さまの肌のカウンセリングをしていると化粧水や乳液だけではどうにもできない、心や、健康の問題があることもすごく感じていたんですよね。

で、私たちに何ができるか考えたり、農家の方々と話し合う中で、「月々の収入が安定するとつづけられる」という話に到り。じゃあ農業管理として月給制にしましょうと。そして、とれた作物を私たちにくださいという形をとってみたんです。お客さまにお届けするスキンケアの商品に、サプライズでお米や野菜を同梱したり。スタッフに年貢として納めたり。さらに森の食堂で使うといったことを10年ほど運営してきた先で、もうちょっとこの先を考えようと。

　農園は、いま14軒ぐらいの農家さんで構成されています。農家さんたちはやっぱりどこも高齢化していて、私たちが頑張っていると「うちの畑も」とか「農地を買い取ってもらえないか？」といった話が入ってくる。でも作付面積が広がれば広がるほど、消費の手段を考えなきゃいけない。なら、それを循環させる仕組みづくりとして法人化した方がいいねという話になり。4〜5年前に「土《つち》」という会社をつくった。いまは農園にパン屋さんも加わって。

――全部ではないんでしょうけど、「これ。できたらいいよね」ということが南沢さんのまわりで次々に実現していく。これはなにが起こっているんだろう、と思いながら聞いています。

南沢　ツチは立ち上げ当初、あきゅらいずの元執行役員だった男性に代表

**株式会社 土**
循環農法を実践する「たねつち農園」と、周囲の山里を資源に始めた天然酵母&国産小麦のベーカリー「パンと農園 種と土」が軸。山口県岩国市の南河内という集落が拠点。２０１４年設立。

をお願いしました。彼は役員として働いていた頃、会社のいろいろなことや家のこと、身の回りのことが重なって少し具合が悪くなり、プレッシャーもあって体調を崩してしまったんですね。執行役員という重要なポジションにいたけれど2ヶ月休んでしまって。

私、もう少し早く判断できればよかったなと後で思ったけど、辞めるか辞めないかわからないままポストを空いた状態にしてしまって。会社もちょっとグチャっとなって。しばらく私が現場に戻る判断をして、建て直しを図って。

そうした中みんなで「〇〇さん、どうしよう？」と。不調はちょっと長びきそうで、いまは戻るに戻れないし。「わかった。じゃあ私が言いに行きます」と会いに行って、「あなたにはもう戻ってくる場所がありません」と言ったんです。「それより私は夢があります」って。「あきゅらいずの農園をずっとやりたいと思ってたんです。もし私の夢に共感したら、そこに行ってくれませんか？」と言った。

プライベートな話だけど、そのとき彼には何年も同棲してきた女性がいて、結婚するとかしないとか、親も交えてバタバタバタバタしていた。彼は「今夜、彼女に聞いてみます」と。「わかりました。じゃあ待ってます」と答えて。その女性のことは会社の文化祭で見かけていて、雰囲気からすると大丈夫だろう。あのひと絶対に田舎で暮らせると思った。

そうしたらすぐ快諾の返事が来て。でも「身辺整理してどうのこうの」と言い始めたので「もうね、来月から行って」「家は勝手に探してください」みたいな感じでポンと送り出したら、一人で行かすわけにいかないと、親や結婚の話も一気に片づいて。恵比寿の自宅の扱いに迷っていたから「売りゃあいいじゃない」と伝えたら本当に売ってくれて、「買ったときより高く売れました」「よかったね」と。いまは3倍広い家に、すっごい安い家賃で住んでいて。

彼女の方はもともと化粧品会社の美容部員だったけれど、体調を崩して辞めて。自分でアロマのインストラクターとかいろんな資格をとっていて。知らなかったけど「いつか自分のスパをつくりたい」という夢があったみたい。ちょっといい感じにとぼけていて、この子おもしろいなと思っていたんです。運転免許を持っていなかったので、現地を訪ねた私が彼といろいろ回っているとき、彼女も同じ車に乗ってずっと付き添っていて。

**南沢**「現在彼は農園近くの同じ地域で独立して営んでいます」

そんな中でむくむくしてきたんでしょうね。「私もなにかやりたいんです」と、私に話してきたんです。

農園には月に一度使うか使わないかぐらいの研修施設を建ててあったんです。収穫期に来るスタッフが10人ぐらい泊まれて、石のお風呂があって。「ここでさ、スパやったらどう？」と言ったら、「えっ！」って。「こうで、こうで、こうで」と一回構想を話してみたんですね。すると「あぁ。いいですね！」と言う。「いいですね」と言って、やる子とやらない子に分かれるなと思ったのだけど、一週間後に行ったらスパができていた（笑）。この子、仕事早いと思って。

「私が最初の施術受けるよ」とやってもらい、「うん。もうちょっと勉強必要だね」とフィードバックしたら、次に行ったときものすごく上手くなっていた。「じゃあこれでこうやってこうやって、こうやってみたら」と伝えると、どんどんお客さん呼んじゃってもう勝手にやっている。「去年語っていた夢は、今年いきなり現実化しました」とブログに書いているのを見て、よかったよかったって。そんな感じですね（笑）。

――南沢さんがしていることはなんだ？　出会いに警戒しない。縁故や身内の属人的なつながりで始まることをネガティブに捉えていない。自分がいつかやってみたいと思っていることを言葉にして人に伝えている。そしてそれを一緒にできそうな人やタイミングを直感的に嗅ぎ取って、背中を押す。あとそこに予算をつける？

南沢　そうですそうです。本気でやるなら予算をつける。彼女から「やりたい」と聞いて、1～2ヶ月かかるかなと思ったけど1週間でやった。「このひと本気だな」と思い、じゃあこの人を手伝おうと。彼も恵比寿の家まで売っちゃって、背水の陣というか本気ですよね。

　で、少し体調がよくなった頃を見計らって、「ここまではお金を出しました。ここからは自分で会社を起こしてやるのが使命です」みたいな話をして。「今月会社をつくらないとだめですよ」と話すと、バババッと動いてゆく。回りを具体的にどんどん動かしていけばその人も動く、みたいな。

――最初から予算はつけない？

南沢　つけないですね。お金で動くのか気持ちで動くのかというのは、すごく大事なところなので。はっきり言ってお金で動く人とは一緒にできないなって思うんです。まず気持ちで動いた上に「すごい」「ここまでやるんだ」と思えたら、そこにドンとお金をつける。で、事業として始まったら、あきゅらいず側で広報もする。

まず「人ありき」で、それを組織化してきた結果として、まわりにいろんな事業が生まれている感じ。

――出会いや成り行きを、事業化してゆくというか。

南沢　創業して最初の頃、私と松本が「こうやりたい！」「これやるぞ！」と、こっちから取りに行く動きをしたことがあって。ことごとく失敗したんですね。

鳴かず飛ばずのところから会社を始めて、でも運良く商品が売れ始めたとき、「自分たちは何でもできちゃう」みたいな幻想にとりつかれるわけですよ。そして手に入った利益の使い方を、「自分たちのこんなアイディアを形にしたい」とか「商品開発すればもっと売れる」みたいなところに

**南沢**「最近はきちんと予算でやっていますね（笑）。こういう特別な場合はやるかやらないかわからないので、動くようであれば予算を渡していく感じです」

つぎ込んで、全部マイナスで返ってきたんです。

たとえば、業界初の試みでお客さまの要望にあった洗剤をつくってみたり。「肌が弱い」という声があったので肌着を開発してみたり。海外からも声がかかってカナダに会社をつくり、海外向けの商品もつくってみたり。商品サンプルも揃った。けど、「誰がやるんだ？」っていう。

当時、私と松本以外はパートやアルバイトだけでしたから、どの事業にも、責任をもって運営していく人がいない。私たち2人がフル稼働しても限界がある。すると投資は全て無駄になり、借金とちょっと手をつけた商品ばっかりいっぱいある状態になって。二人の力を、一点に絞り込むほかなくなったんですね。


この失敗を契機に、目の前のことをコツコツやっていった、その先に生まれる縁であるとかそういうものを大切にしていこうと。「絞り込んだ仕事に集中して深く掘り下げてゆけば、本当に必要なものは向こうからやってくるよね」ということにしたんです。

ベンチャーには「ＩＰＯする！」みたいな気持ちも大事だと思うけど、私たちの性分が「どんどんつくって売ってやる！」みたいな動き方には合わないみたいだなと。でも、性分と事業モデルが合っていれば、きっと自然体で流れてゆけるんじゃないかと考えた。

私たちは売上目標も立てないんです。「何百億売りましょう」とか金額で考えると、ただモノを売ることになってしまう。

そうでなくて、お化粧やファンデーションをめぐる日々の行動が変われば、肌の負担も、コストの負担も大きく減る。毎朝30分かかっていたスキンケアを含むメイクの時間を10分にできたら、生まれた20分を、ゆっくり摂る朝食や身体のメンテナンスにも使える。

同じ数字を考えるにしても売上目標でなく、たとえば「そんな体現者を10万人つくろう！」という具合に目標を立てる。つまりコトを挟むんです。モノだけを売っている意識になってしまうととても心が疲れるし、つづかないんじゃないかなあ。これは会社の目標を立てる上で、一番大事にしている部分なんですね。

## 〝家〟のような場所

――南沢さんにとって会社をつくるってどんな感覚ですか？

南沢　仲間が増える。ミームな感じですね。

――文化的遺伝子。

南沢　以前ある新卒の採用面接をしていたとき、「あきゅらいずの考え方や働く環境。すっごい好きで憧れているんですけど、自分は〝化粧品〟じゃないんですよね」って。「〝スキンケア〟じゃないんです」と言われたことがあって、「えーっ！」って(笑)。

それが結構いい人だったんですよね。「こういう素敵な人と一緒に働くためには、そうか業態を変えればいいんだ。この会社の働き方とか考え方とかビジョン自体は間違ってないんだな。なら業態を増やせばいい」と思って。

ネットプロモーションスコアってわかります？　たとえば「弊社のサービスは他の人に伝えたいほど嬉しいですか」みたいなアンケートで、普通はそれをお客さま相手にとるのだけど、うちは社内でもとっているんです。「あきゅらいずで働いていることを人にどれだけ勧められますか？」

という具合に。四半期に一回とりながら、その結果をもとに社内の制度を変えたり、働きやすさをつくっている。

創業当時の平均年齢は27歳くらいで、当然みんな元気があって。でもいまは会社も年月を重ね、ライフステージの違ういろんな年齢のスタッフが一緒に働いている。すると、昔は考えなかった「安定」というキーワードもスコアの中に入ってきたりする。

心地良く働くことと、世の中の変化のスピードについていくことの、二つの軸を両立させるにはどうしたらいいんだろう？　と思います。変化できずに固まって倒れてしまったら、働く場を提供しつづけることができないわけだから。

安定というのは二極のもので、変化しつづけるから安定する部分と、落ち着いていることで安定する部分がある。その選択が大事なんだなということはすごく考えるようになりました。会社全体はみんなのものだから。私のノリだと変わってゆく部分と変わっていかない部分の割合は半々くらいでいきたいけど、みんなとやってゆくことを考えると、8割くらいは変えずに安定させながら、2割くらいはチャレンジで安定させてゆくと楽しいんじゃないかな。

——あらためて会社とは？

南沢　人生を楽しめる場所。そこで暮らす人が自分たちで一緒につくってゆくし、守ってゆく家のようなもので。巣立って独立してゆく人もいたり、でも家訓は受け継がれたり。

それがコミュニティのようになっていったら最高だなと思う。黒田勘兵衛でいえば「すべては生き残るために」みたいな（笑）。「自分の会社」とか「自分のもの」ということはあまり思っていない。自分も遊べている場所で。

もしあきゅらいずという皮がなくなっても、その本質というか中身が残ったらすごくいい。それ自体が楽しんでもらえるものだったら嬉しいな、と思うんです。

## 本城慎之介さんと、森の空き地で

# 仲良くする必要のない仲間

20代の頃、本城さんは楽天の副社長として働いていた。学生時代に三木谷氏と出会い、ゼロから一緒に創業した。30代の彼は学校をつくろうとしていた。「教育の世界へ進む」と楽天を離れ、世界で通用するリーダーの育成校を準備していた。

そしていま。40代の彼は、2年後に開校する幼小中一貫校の準備を進めている。

これまでの本城さんの経緯を多少知っていると、「いよいよ」「満を持して」と思う人がいるだろう。でもいま生まれつつある学校は、以前の彼が構想していたそれとはだいぶ異なる。30代にイメージされていたのはエリート教育を行う私立の中高一貫校で、いま準備中の学校は当初は公立の幼小中一貫校として構想された。その方向で数ヶ月ほど行政と調整を試みたが、公立のそれは前例がなく、実現に要する時間を考えて私立に切り替えたという。

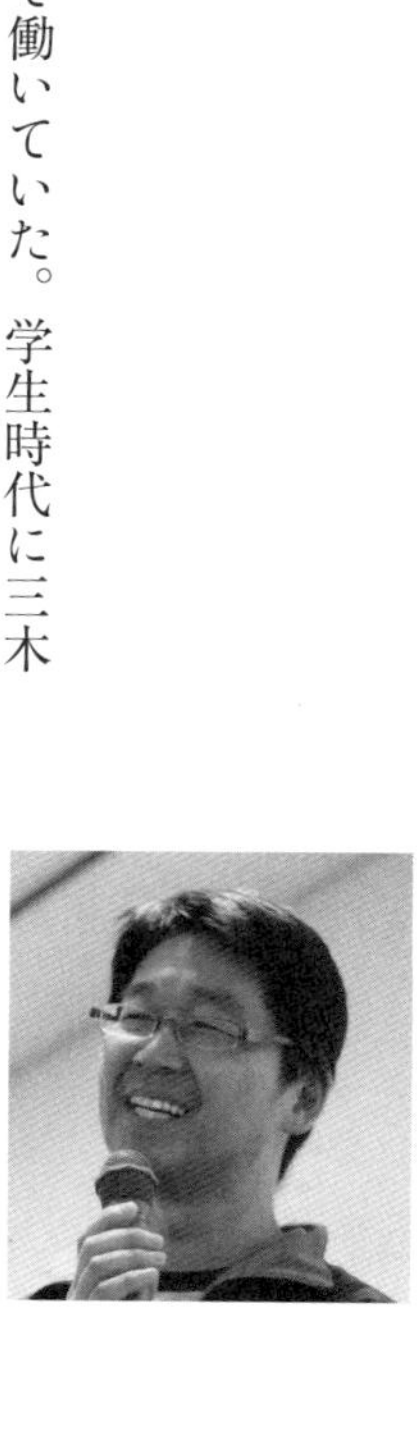

**本城慎之介**（ほんじょう しんのすけ）
1972年・北海道生まれ。学生時代に三木谷氏と出会い、一からプログラミングを学んで楽天市場のシステムを構築。副社長をつとめていたが、教育分野の仕事を始めるべく30歳で退職。横浜の中学校で全国最年少の校長を2年ほど勤めた後、高校生が合宿して仕事観を育む「仕事の学校」をスタート。2009年から家族で軽井沢に移り、森のようちえん「ぴっぴ」の保育士として8年働いたのち、現在は2020年開校予定の幼小中一貫校「軽井沢風越学園」の設立に取り組んでいる。
Photo: Yuki Inui

彼の動きにはいつもスピードがある。「速い」というより、適切な速度感を大事にしているのだと思う。

僕が初めて会ったのは彼が35歳のとき。リーダー育成校のアイデアを手放しつつある頃で、その後も10年ほどつかず離れずの関係がつづき、この間の変化には互いに重なる部分がある。共通の言葉で話し合える大切な友達の一人だ。今から3年前（２０１４年11月）に、軽井沢の野原で薪をくべながら交わしたインタビューを載せてみたい。

30代の半ば、学校づくりの構想を一度返上して家族の時間にウェイトを置こうと軽井沢に移った彼は、お子さんの保育園を探す中で、ある二人の女性が始めていた「森のようちえん ぴっぴ」に出会う。自分の子を預ける場所を探していたはずだけど、本人が押し掛けスタッフに（子どもは別の保育園へ）。追って保育士の資格もとり、子どもたちと森ですごす日々を重ねてきた。

このインタビューは、彼が「ぴっぴ」で働くようになって6年目のもので、いま準備中の学校の話はまだ姿を現さない。が、彼の教育観や人間の見え方、対人関与の姿勢がどう変わってきたのかはよく見えるし、来たるべき仕事への予感が隅々に見出せる。その人が次になにをしてゆくのかは本人がよく知らないだけで、行動には全て露呈しているし、実は本人もわかっているんじゃないか。本城さんという流れの、ある日の断面を一緒に眺めてみたいと思います。

## 丸くなって話し合えるって

**本城**　最近「ぴっぴ」の活動と別に、「通学合宿」を始めたんです。7〜8年前から興味があって。

申し込んで来た小学生の子たち十数名が、約1週間、近くの公民館で共同生活をして、そこからいつもの学校に通う。先生も親も関わらない。僕らが少しサポートするけど、基本的には小2〜6年の彼ら彼女らが、自分たちでご飯の内容を決めて、食材を買い、一緒につくる。家がオール電化なので初めてマッチを使うとか、初めてお米を研ぐような子もいれば、いつもお味噌汁をつくっているという子もいる。

宿題をして。遊んで。コインランドリーで洗ってきた洗濯物を自分たちでたたみ。料理はぜんぜんでも、たたむのはすごく上手い子もいたり。20

時すぎに一日をふりかえって日記など書いて。寝て。
翌朝は一緒に登校して、また公民館に帰ってきて…という、日常と非日常がまぜこぜになった時間をすごす。以前から全国各地にある活動で、細かいところは地域ごとに違います。

僕はこれまで「ぴっぴ」に通ってくる子や、卒園して小学生になった彼らとすごすことが多かったのだけど、「通学合宿」は学校を通じて募集するので、むしろ他の子どもの方が多くなります。そんな中で、別の保育園や幼稚園ですごした子どもたちと、「ぴっぴ」の子どもたちの違いがよく見えてきた。
「ぴっぴ」の子は話し合いができるんですよ。「相談しよう」とか「作戦会議しよう」と言うと、誰に教わったわけでもないけど、自然に丸くなったり、子ども同士で「意見ない？」とか始められる。

――身に付いてるんだ。

**本城**　そうそう。でも「通学合宿」に来る他の子たちは、最初のうちそれ

がまったくできなくて。

たとえば「晩ご飯どうする?」と訊くと、「カレーがいい」「ハンバーグがいい」と言う子がいて。「ハンバーグは嫌だ」「カレーは嫌だ」という声も出て。「いやカレーがいい」「ハンバーグがいい」と、ごじょごじょごじょごじょしてきて、遊び始めたりするわけ。「決めないの?」ときくと、「うーん。やっぱりカレーがいい」とか。本人たち同士で上手く話し合うことが、あんまりできないんですよね。

その2日後に「ぴっぴ」の方で3~5歳児のリレーをする機会があって。「順番決めて」と言うと3歳児も普通に座り込んで、「○○ちゃん入ってないから、もうちょっと輪を大きくしよう」とか言っている。

——おっ。すごい。

**本城**　晩ご飯のしんどい話し合いの直後だったので、僕は「ああ」と。「〝輪になって座る〟ってすごい高等技術なんだ」とあらためて思った。

で、それはトレーニングというか、ただ単に場数の問題だなと思ったんです。「ぴっぴ」の子たちは「負けて悔しい花いちもんめ」「○○ちゃんが欲しい」と横一列に並んでやるときも、パッと丸くなって相談している。「どうする?」「佳哲くんが欲しい」「慎さんが欲しい」「あいつはジャンケン強いから、ちっちゃい子にしよう」とか。

リレーのチーム名を自分たちで決めるときも、「仮面ライダー オーズがいい」「プリキュアがいい」「ダイヤモンドがいい」「じゃあ〝仮面ライダー オーズ プリキュア ダイヤモンド〟にしようよ」って、集まって話して決めていくんですね。

——それ、ただ足してるだけ(笑)。

**本城** 順番があるんですよ。「ダイヤモンド プリキュア オーズ」じゃなくて「オーズ プリキュア ダイヤモンド」って。結構、そこもこだわるんです(笑)。

チーム替えのときはトリトリっていう、「お前がほしい」「あいつがほしい」みたいなことをして新しいメンバーを決めるんだけど、たとえば大きい子がチームに多いと「俺たちもうこれでいい」と言って、3人対6人でやったりする。すごいフェアなんですよ。

子ども同士も大人同士も、大人と子どもも、「ぴっぴ」ではみんなよく話し合っている。2歳児はしないけど、3歳、4歳とだんだん積み重ねながら、上の子が話し合っている様子を下の子たちはずっと見ている。そんな経験を4年間たっぷり積めるのは結構大きな差になるだろうな。本当に場数や機会の有無の問題で、授業でディベートを習わなくても、小さな経験を沢山積んでいればおそらくなんとかなる。

学校でよくある「話し合い」って、めんどくさいとか、意見を言うのは恥ずかしいとかそんなことが多いかもしれないけど、やり取りっていうのは、本当は面白くて気持ちのいいことなんだよなあ。それを子どもたちと一緒に味わいたい。

今日、ある遊びに途中から入ってきた男の子に、先に遊んでいた子が「なにやってるか聞かないで、いきなり入ってくるのはやめて欲しい」と訴えたんです。「ちゃんと聞いてから入って欲しい」って。言われた子は、「えっなんで? 入りたいんだからいいじゃん」「いや。それは嫌だ」という押し問答で。

僕も「どうして？」と訊いてみたら、「だってつまんなかったらすぐ抜けちゃうんだもん」と。「面白そうかもしれないけど、つまんないかもしれないんだから。それで入って、抜けちゃう人も結構いるから。それは嫌だ。ちゃんと聞いて欲しい」。ごもっともという感じで、でも入ろうとした子は「俺は絶対にそんなことしない。絶対に途中で抜けないから、俺は聞かなくていいんだ」と言う。「それでも聞いて欲しい」と言い、「絶対抜けない」と言い。「じゃあ、いいよ」と。

「本当にいいの？」と僕も聞いてみると、「うん。いい」と言うからまぁいいんだなと（笑）。

このやり取りは面白かったな。大人同士だと、やっぱりこうはいかないと思う。立場もあれば、関係上の強い／弱いもあるだろうし。間に他の人がいたら「裁いて欲しい」という気持ちも生じるかもしれないし。

自分の気持ちや想いを、ちゃんと相手に「言える」「伝えられる」のは、大切なことだと思うんです。二人は「なに言ってんだよ」と思ったまま、どちらもスッキリはしていなくて、そのまま家に帰る。でもまあ互いに言いたいことは言えていて、居合わせた僕は、スッキリさせる必要もないな、というかかわり方をしている。

数日経って一緒に遊ぶとき、二人の間にまた同じようなやり取りが出てきて、もうちょっと違う形になるのか、どちらかが折れたりするのかわからないけど、今日のやり取りを経てまだモヤモヤしてる感じがあったり、また来週つづいていたら、それを僕なり他のスタッフが見届ける。見届けながら、変わってきた部分や本人が変えない部分をまた見届ける。

「ぴっぴ」では、そういうことをしているんです。これは教育かというとたぶん違う。教育はもうちょっと教えてあげた方がいい。

最初は週2日かかわり始めて、途中から3日になり。「ちょっと面白そうだな」と翌年から3日半になり。4年経って、2歳から一緒にすごした子どもたちが6歳になって小学校に進むとき、僕「もう少し見ていたい」「この子たちが中学生くらいになるまで伴走してみたいな」と思ったんです。

それで「ぴっぴ」の卒園児か在園児の兄姉の小学生むけに、毎月第二・第四土曜日、8時半から16時半まで森ですごせる「ぽろぴっぴ」を始めるようになった。「ぴっぴ」とまた別の場所（土地）を見つけて、小学生の子たちと月に2日間、野外で8時間をすごすようになった。

基本はただ一緒に遊ぶんですよ。大人の方から「竹馬をつくろう」とか「森の探検に行こう」という具合に遊びを用意するのではなく、8時半前後にみんなバラバラと集まってきて、ばらばら遊びだす。

そろそろだなと思った頃に声をかけて、全員で『おはようミーティング』をし、そのあと最初は20~30分、一度みんなで遊ぶ。鬼ごっことか、本気のかくれんぼとか、尻尾取りとかを「今日これやってみよう」と。初めて来ている子もいるので、お互い知っている状態になった方がいいから、そこはこっちから提案して。

その後はもうぶわーっと散らばって、めいめい好きな遊びをして。お腹がすいたらそれぞれがお弁当を食べ。またぶわーっと散らばって遊んで。おやつは自分たちで雨の中でドーナツ揚げていたりしていて、「こいつらよくやるな」と思ったり。で、最後にもう一度集まって「どんな1日だった?」と『さようならミーティング』をして、誕生日の子がいたらお祝いをして、解散。

基本は自分たちで遊ぶ場です。でも最初は遊べなかった。

――「ぴっぴ」の卒園児なのに？

**本城**　そのお兄さんやお姉さんも参加していて、そっちの人数の方が多いんです。彼らは「つまんなーい」とか、「何していいかわかんなーい」とか、「遊んでー」とか。最初の1年はそんな感じでしたね。

遊ぶのって難しいんですよ。「子どもは遊ぶ」と思っている人が多いかもしれないけど、そんなことない。ぜんぜん遊べない。

「このボール使おう」とか「ここは行っちゃダメだよ」とか、枠組みや、ある程度の制限をかける方が子どもたちも考えやすい。あるいはゲーム機やスマホがあればあまり考えずにずっと遊べるわけです。でも朝集まって、「いまから8時間どうぞ」みたいな形だと。一年目はすぐ「いま何時？」と聞いてきた。「10時半」「えー。あと6時間…」みたいな（笑）。

時間を忘れて遊べない。なんでだろうな。みんないろんな習い事してるんですよ。バレエ、ピアノ、英語、サッカー。でもここはなにかができるようになるとか、級が進むとか、上達するとかないんです。

――他の人に褒められるものはないね。

本城　それが要るんでしょうね。でも、上達するとか褒められるとかでなく、遊びそのもの。失敗も含めてたっぷり経験すること。こうした時間のすごし方が必要だと思う。

**なんでやっているのか、わからない**

――最初はお子さんの保育園を探して「ぴっぴ」を訪ねたんですよね。

本城　そうです。でも「ここは俺だろう」と思って（笑）。募集していたわけでは全くなかったけど押し掛けで。二人の女性が2年前に始めていて、預かっている子どもの数もまだ少なくて。

かかわりたいと伝えたら、「お子さん4人いるんですよね?」「それは無理です」と。気持ちは嬉しいけど、それだけのお子さんを養える給料は払えない、という返事でした。かくかくしかじかこういう経済状況でその点は心配要りませんと伝え。「だったら何が得意ですか?」と訊かれて、「ダッチオーブンの焚き火料理は得意です」「じゃあそれで」と。翌月からその年の「ぴっぴ」が始まって。初日は親子で集まって一緒にランチを食べるんですけど、何十人分かの料理をつくるのが最初の仕事でした。

「ぴっぴ」との出会いは、偶発事故のような感じだった。見過ごせなかったんですよね。軽井沢に中高一貫校をつくるとか、東大前に高校生の寮をつくるとか、進みかけていた計画を一旦止めて、かかわっていったのはなんでかというと……難しい。

「えっ? 学校つくるって言ってたよね?」とか、「自分で保育園を始めたわけじゃないんだ」「ただ保育士してるの?」とか、いまでも言われる。そう問いかけてくる人は、「あいつ小さなことに関わっているなあ」と思うのかもしれない。けど、自分にとってこれはすごく大きな出来事で。これに取り組んだら何が起こるとか、そういう思惑はなにもなかったけど、「大きなことになりそうだ」という勘はあって。

このあと保育園をつくりたいとか、幼稚園つくりたいとか、学校を立ち上げたいとか。いまそういう感じはなくて、「そのためにこんな経験が要る」とか「この経験が足りない」といったことも全く思っていない。ただ確信があるんですよね。「ぴっぴ」や「ぽろぴっぴ」や「通学合宿」の下に、たぶんなんかあるんですよ。掘っていくと。どれぐらいかかるかわからないけど、でもなんか出てくる。そこになにかはある。掘ってみたけどなにもない、ということはないかな（笑）。

僕自身は「子どもが好き」というわけでもないんですよね。というより、「人って面白いな」と思うんです。

2～6歳の子どもたちはすごく純粋なので、ますます面白い。彼らは将来のことはあまり考えていない。「こんな大人になりたい」とか「いつかためになる」というのはなくて、本当に気持ちの赴くまま、それこそ快不快、もしくは安心できるかできないかという部分で動いているわけです。すごく生な感じがする。

そういう人たちとかかわれる機会は、僕にとってとても大きい。意図を持っていない、他人にどう見られるかということも気にしない、生な人間とのやり取りは面白い。

——30代の頃は、なぜ学校をつくろうと考えていたんですか？

**本城**　日本や世界を引っ張っていくリーダーをこの手で育てたい。そういう人材が社会に必要だというのと、あと自分がつくる学校で自分がそれをしたい。当時の言葉でいうと「カッコよさそうだったから」かな。成し遂げたい。スタートはまずはそこですね。

「さすが。楽天の元副社長がやるならこうじゃなきゃ」とか、「大きいことをするんだろう」「広がりのあることをするんだろう」とか。それに応えなきゃ。そういう期待を、たぶん自分がいちばん自分自身にしていたと思う。学校をつくることもそうだし、横浜の公立校の校長になったのもそうだし。「ちょっと目立つようなことをやってみなきゃ」という感じはすごくあった。

いまはもうその感覚はないけれど、ときどき頭はもたげます。友だちのニュースがなにか伝わってきたときに、その人と比べるんですね。「俺もあんなふうに取り上げられることをしなきゃいけないんじゃないか」とか「いや、やんなくて大丈夫かな」とか。1年にいっぺんぐらい。だいたい

横浜市教育委員会の公募を経て、楽天を退社した2005年の4月から2年間、横浜市立東山田中学校で、当時全国最年少（32歳）の公立中学校の校長を務めた。

一晩で済みますけど、やっぱり思います。
でもあとは気にならない。その違いは結果的に、「ぴっぴ」以前と以後にわかれますね。

――「ぴっぴ」を一生する？

**本城**　それはないですね。「いつまでやろうかな？」とは考えます。まだ答えは出ていないんですけど。

ただ、もし「ぴっぴ」をやめたら、「ぽろぴっぴ」の面白さもなくなる。だってその子たちを2歳から見ていないので。2歳から見ていた子が、小学校6年生になって12歳。彼らは中学生になったらジュニアスタッフとして「ぽろぴっぴ」に関わりたいと言っているから、中三で15歳。2歳から15歳まで13年間通しで一緒にすごせるし、かかわれるってなかなかない。小学生になったところで初めて会っても、面白さ半減だと僕は思うんです。

あと「通学合宿」をやったことで「ぴっぴ」が鮮やかに見えてきた。三つをやることで、初めて掘れているものがある。だから仮に「ぴっぴ」を辞めるなら、「ぽろぴっぴ」も「通学合宿」も、全部辞めちゃうと思います。

## 仲間でありたい

本城　この間すごく気持ちよかったことがあって。通学合宿で、12人で2泊3日すごしたんですね。その最終日に1時間半ぽっかり時間があいて、「遊べる！」「じゃあ公園でサッカーやろう」となったんです。

で、みんなが外に出かけてゆくのに、一人の子が黄色いサッカーボールを持って泣いているんですよ。その3日間はみんなで何度かサッカーをして、そのときはそんなことなかったのだけど。

別の子が彼に「どうしたの？」と訊いたら、「僕のボールも使って欲しい」と言う。「は？」と思ったけど、どうやら別の子が持ってきた白いボールがずーっと使われていて、彼のは一度も使われていなかったみたいで。みんなはもう白いボール持って「行こうぜー」と外に出ているのに、彼は「僕のボールも使って欲しい…」と。そんなことで泣くなよと思いながら、まぁでもそうなんだと思って。

「それを誰に伝えたい？」と訊くと「みんなに聞いて欲しい」と言うので、

「そっか」と。回りの子に「ちょっと協力してあげて」と言ったら、外にいた子どもたちを集めてくれて「なんだよ」みたいな感じでみんな戻ってきて。

別の子が「○○君が『僕のボールも使って欲しい』って泣いてるよ」と。「使って欲しいんだって」と言ったら、ガキ大将っぽい子が「はぁー？だって○○のボール、5号球で重たいんだもん」と言うんです。白いボールは小学生向けの4号球で、黄色いのは5号球だった。「だから使わないんだ」とバシッと言った。泣いていた子は「へ？」という感じになってちょっと表情が変わったけど、また「でも僕のボール使って欲しい」と。

どっちの気持ちも、まぁそうですよね。彼らがサッカーを楽しむには4号球の方が確かにいいだろうし。でも「僕のボールを使ってくれない」という言葉の出所には嫌われてるという感じや、大切に扱ってくれないとか、はじかれている感じもあったと思うんです。それも想像できる。そうしたら2年生の子が、「じゃあさ。前半こっち（白いボール）使って、後半こっち（○○君の黄色いボール）使おうよ」と提案したんです。で、みんなが「いいよ」「いいよ」って。

でも泣いていた彼は「いやだ」と。

――うわ。

**本城**　「ずっと使って欲しい」と。それがもう気持ちなんですよ。僕は「うーん」と思って。

「誰も○○のボールだから使いたくないとか、黄色だから使いたくないとか、そういうことを言っているんじゃない。こっちのボールの方が重たくて蹴るときちょっと大変だから、できればいつもの小っちゃいボールを使いたいと言っているのはわかる？」と訊いたら「わかる」と。「みんなの提案としては前半こっち使って、後半○○のボール使おうって言ってるんだけど、それはどう？」と聞いたら、しばらく考えて。

「前半、僕のボール使って欲しい」と。そうしたらみんなは、「いいよ！」「じゃあ行こう」って、スーッと出て行ったんですね。

この一連のやり取りが、僕はなんか気持ちよくて。怒られるとか怒られないとか、褒められるとか褒められないとか関係なく、カッコつけずにみんな話を交わせている感じが、最後すごく気持ちよかったんです。

自分の気持ちを隠さずに、評価されることも意識せずに、丁寧に伝え合っているなあって。こんなやり取りが家でも学校でも、それ以外の場所でもずーっと続いたら、変な話、世の中変わるなみたいな感じもして。


——なるほど。


**本城**　ある会社が自社保育園づくりの相談に来て。企画書を見せてもらったら、「子どもたちが笑顔でいられる場所」とあったんです。

でも子どもって笑顔ばかりじゃない。やっぱり泣きたいときは泣いて、怒りたいときは怒って、嬉しいときは喜んで。子どもに限らず大人もそうだけど、いつも元気で笑顔でいることを強いるような感じはなんかちょっと違う気がします、とは伝えた。そういうのは雑だと思うんですね。

嫌なときは嫌だと言い、嬉しいときは嬉しいと言う。そんなふうに生きて欲しい。「俺これ大切にしたいんだけどな」と思っていることを、押し込めてしまったり、ちゃんと大事にできないような状況は避けたい。

子どもたちに「仲良くする必要なんて全然ないから」と言うんです。遊びの中だから喧嘩も起きる。学校だとそれは指導の対象で、「この場で仲直り」「双方謝って握手」みたいな。でも本人たちの気持ちは『そんなの無理!』みたいなね(笑)。そういうのはやっぱり雑だと思うんですよ。「仲が悪いままでいいし、嫌いな奴や憎い奴もいていい」「けど何か一緒にやるときはそれは呑み込んで」と僕は言う。で、喧嘩が起きても大人は裁かない。なるべく子どもに任せて。「ぴっぴ」では小さな子も自然に輪になって話し合うと言いましたけど、僕らは「はい。輪になろう」なんて言わないし、「輪になると話しやすいよ」と教えたわけでも、教えたいわけでもない。

それでも子どもたちが輪になっちゃうのは、やっぱり気持ちいいんだろうな。だからああいう状態をつくるんだと思うんですね。自分が外れているとか、誰かの顔が見えない状態でなく、みんなが「そこにいる」ことを互いに確認できていて、全員の声が聞こえている。その状態は気持ちがよくて、だから自然にそうするんだと思う。

泣いていいし、喧嘩していいし、互いに言い合えたり伝え合えることが、

「いていいんだ」という安心感につながっていって。それが育まれることにたずさわっているのかなあ。

「通学合宿」って、全国的には2泊3日が多くて6泊というのは少ないんだけど、そのあいだ家には帰らず一緒に寝泊まりして。ご飯つくったり、風呂に入って。互いに協力し合っているうちに、やっぱり〝家族〟になっていくんですよね。そんな体験は、大人になったときにもきっと何かにつながるんじゃないか。

――あるインタビューで「自己肯定感を持てない子どもが増えていると言われるけど、それを持つためには、失敗しても、助けてくれたり慕ってくれる仲間がいると思えることがとても大事」と話していましたね。

**本城**　親との関係や生育歴を原因にしてしまうと、結構絶望的かなぁって思うんです。もちろん大事だけど、「それがないと」と言われてしまうのはね。親との関係って、子どもにはどうしようもない。どうあがいたって、ある一定の年齢になるまで親との関係は変えられないと思うんですよ。

するると、親と暮らした記憶がないとか薄いとか。そういう人は自己肯定感を持てないという話になってしまう感じがするけれど、僕は何らかのかたちで社会とつながっていることができれば、そこで仲間を見出すことができれば、親との関係やあるいは自分自身との関係がいろいろこんがらがっていたとしても、自己肯定感について光というか救いというか。きっかけを見出せるんじゃないか。

でも、だからその仲間になっていたい。

——自分が？

本城　はい。その仲間でありたいなぁ。

## 橋本久仁彦さんと三つの場所で

# ともに生きる、基本的なメカニズムの話

橋本さんと僕は10年ほど、秋になると安曇野で「非構成的エンカウンターグループ」というワークショップというかなんと表現したらいいかわからない場を開いてきた。各地から集った14名が、森の中の小さなホールで輪になって座るところから始まる、テーマも進行もない8日間だ。

水もブイヨンも加えずにつくる野菜スープのような時間が、それぞれが口にする言葉や存在感を素材に、コトコトとできあがってゆく。味わいは毎回違う。

ある頃から橋本さんはそれを「円坐」と呼ぶようになった。丸く座るその形態だけを指していて、もとの名前にあったエンカウンター（出会い）という示唆は取り除かれた。またある頃からは、輪になって話を交わすところから始まる、踊りともパフォーマンスとも名づけがたい「縁坐舞台」という活動を、周囲の仲間たちと始めるようになった。

彼のワークショップは以前はおもに都市部でひらかれていたが、その中で

**橋本久仁彦**（はしもとくにひこ）

1958年・大阪生まれ。高校教員として「教えない授業」を10年間、龍谷大学学生相談室のカウンセラーを同じく約10年間勤めたのち、非構成的エンカウンターグループ、プレイバックシアター、サイコドラマ、ファミリー・コンステレーション、コンテンポラリーダンスなどの場づくりでファシリテーターとして活躍。現在は「坐・フェンス」座長。最近は若い仲間たちと、「きく」ことを軸に土地を旅する仕事を重ねている。

Photo: Yuki Inui

出会った人々の誘いで、地方や中山間地に赴くことが増えた。先の「縁坐舞台」のいくつかはそういった土地に住む人々、暮らし方や来し方が、都市の人間とはだいぶ異なる人々とつくり出されている。たとえばこんなふうに。

**橋本**　水害のあった熊野川の上流の方に、11名しかいない集落があって。そこで縁坐舞台をすると、近隣の集落から公民館に集まって来る人は70、80歳のおじいさんおばあさん。車椅子に押されたりして来ます。

そういう方たちに「あなた個人の話を聞かせてください」と言っても、みんな言わない。「私はそんなことという家柄でもないし」とか「私より区長さんどうぞ」とかね。そういうことになるんです。

なので丸く円になって、一人ずつ話すところから始める。するとおばあさんたちが、「私は河口の町から来ました」とか「生まれたのは隣の集落でね」なんて、土地の話になっていきます。

その流れのなかで「中さん、このあいだ病院で手術受けて、ようやく退院してきはったんですよ」とか、誰かが言って。「へぇー」とみんなで拍手して。車椅子に座った中さんに「どうでしたか?」と聞いたら、「いや

**非構成的エンカウンターグループ**　心理学者のカール・ロジャーズ（1902〜1987）が、カウンセラー養成の手法検討の中で開発したグループワーク。北アイルランド紛争をあいだに挟んで国際的に対立し合う人々をスタジオに招き、同ワークによる相互受容を試みたドキュメンタリー映画も残されている。（「鋼鉄のシャッター」）

三途の川でね。渡ろうと思ったら、渡し賃が高いので帰ってきました」とか笑って言う。みんなも笑って、軽い空気になる。

そこでゆっくり時間かけて「中さん、三途の川は渡し賃が高くて帰って来られたんですね」って、言葉を丁寧にそのまま辿る。こっちから「まだお迎えの時期じゃなかったんですよ」なんて言ってたら駄目（笑）。失礼だね。相手の言葉をそのままもらって、そのまま「こんなふうにおっしゃったように聞きました」と辿り返す。すると「そうです」と頷いて、沈黙があり。次の言葉を待ってみんなが静まったわけです。

「私は、ほんまはあの世に行きたかった。帰ってきても、またこうして嫁さんの世話にならなあかんし、それから役場にもまた迷惑かける」と言う。自分のために税金使うからね。「だからほんまは死にたかった」と言うわけです。

それを聞いたらみんなの雰囲気が変わります。シーンとなって、無言のまま、別のおじさんが車椅子の側に行ったりする。その行為でわかる。他の人もそう思ってるんだね。集落全体がそんなふうに思っている。

その時、ワークショップのために他県から来ていた若い女性が発言して。「さっき、このおばあさんに村の沿道で会いました。聞いたら96歳。ものすごい長生きしてはる人なんだなと思って。お茶をふるまったりしてくださった。私はすごい感動しました」。

この女性も40歳前後の女性です。なにかいろいろあったんでしょうね。それでわざわざ熊野のワークショップに来てくれたんでしょう。「私はこの人に会えたことがすごく嬉しいので、このおばあさんの話を聞きたいです」と言った。「どうぞ、じゃあ聞いてあげてください」と。「おばあさん、私とても会えて嬉しいんですけど、なにか言ってください」って。

そしたらおばあさんがね、語らないわけです。でも語らせるようにもっていく技術を使う場ではないよね。おばあさんは、じーっと優しくその女の人の顔を見て。

で、僕は「おばあさんに出会えてよかったですね。あなたの話を、語ってください」って、その女性に言った。そうしたら彼女が「こんなに。九十何年も生きるっていうことがあるんだ」と言って、号泣するんだよ。なにが起こったんでしょうね。

それをそのまま。一緒にきいていた縁坐舞台のメンバーが、その言葉を体に移します。動き始める。決してあからさまではない、鎮めの舞のような空間です。体に感じているものがありますから、それを言祝《ことほ》ぐように大事に、儀式の舞に近いような舞台をつくることになる。

結果としてあとに残るのは96歳のおばあさんの存在感です。

この存在感に。そしてどんな秘めた想いをお持ちなのか知りませんけど、このおばあさんに感動して、96年の生きた事実のようなものに触れることができたその女性の姿。なんの脚本もないのだけど、そんなことが起こったことに僕らは敬意を表して終わることができる。というのを「縁坐舞台」と呼んでいます。

前文に戻ります。日本でいえばとくに東京のような街は、個人が個人のまま暮らしてゆくための環境が整っている。個人で食べ、個人で買い、個人で時間をすごし、個人で生きてゆくためのユーティリティが見事に揃っていて、煩わしさがない。

それが都会の良さでもあるわけだけど、このままだとバラバラになってゆくだけ。社会のセーフティネット性も弱まってゆく一方だし、つながりが生まれたり育たないので、新しい動きや仕事や時間が、会社や事業以外の領域から生まれにくい。

そんな状況を背景に、シェアハウスやコレクティブハウジング、互いに学び合うコウスクーリングの動きなど、ともに生きてゆく方法の模索が始まってしばらく経つと思う。


「ともに生きてゆく」ことを可能にする基礎技術があるとしたら、それはどんなものだろう？　と、5年前に豊島区雑司ヶ谷で小さなフォーラムを開催した。「語る」「つくる」「暮らす」全3回のプログラムで、その初回「語る」のゲストに、自殺防止センターの西原由記子さんと、このパートの主人公・橋本久仁彦さんを招いて。先の縁坐舞台の話は、その際の発話から抜いた。

この後の橋本さんの話は、3つのインタビューから構成してみようと思う。まず、「ともに生きる技術」として雑司ヶ谷で聞かせてくれた話。奈良のフォーラムではその抜粋版を最初に配り、全員で黙読するところから彼との時間を持った。2本目は雑司ヶ谷の2年後、奈良のフォーラムの数ヶ月前に、大阪ドームの近くにある彼の仕事の拠点で交わしたもの。そして3本目に、奈良に集まった約300名の前で話していた言葉から。

景色を変えてゆく川の流れのようで、どの時点にも橋本さんの全体が含まれている感じがする。

2012年9月　東京・雑司ヶ谷

## 話すことは、呼吸をすること

**橋本**　僕、セラピーいっぱい勉強したんだけど、死ぬ2〜3日前にできたらいいと思えるのは一つもない。だから、どれにも満足してないんだね。

端折って言ってしまうと、セラピーはすべて個人主義に基づいていて、「わたし」がすごく強くセンターを得ているように思われます。個人を尊重している。

僕自身、個人主義を学び、「個人として自立したい」と思って生きてきましたので、自分の中にある「人への依存心」とか、人の気持ちに影響を受けたり、他人の言葉に左右される自分を長いこと裁いてきた。「そうなりたくない」と、自立を考えてきたわけです。でもちょっと違っていたなと思っていて。

たとえば、東北の人々について震災後にある人が「あの人たち、生きてる理由がないんじゃないか」と言ったのは、家族が死んじゃったからだよね。仙台の七ケ浜に行ったとき、そこでＮＰＯをやっているおじさんが「いつでも死にたい感じがある」と言う。「死んだら自分の一族が宴会して待ってるような気がするし、そんな夢も見る」というわけだ。早く逝きたいけど、ＮＰＯの仕事があるからもうちょっと後で逝くんだって。死ぬことについて怖いとか、そういう感じはないの？　ときいてゆくと、「ない」「むしろこっちで生きてる方が大変だ」と。

われわれ日本人は、個人主義ではないのではないか。それがこの小さな４つの島の国の、独自の文化なんじゃないかな。

だから我々はある種、死を恐れずに向かっていくことができて、戦い終えて亡くなっても英霊として居る。目には見えない先祖や家族の面影のために戦ったりするわけだから。僕はそれをすごく否定してきたけど、事実は違っているなと。

地方から都会に来て、まるで個人のように生きている人たちも、話をきいて付き合いを深めてゆくと、その人のお母さんお父さんがやっぱり居るんだよね。仲が悪かったとしても、お母さんやお父さんの一言にすごく影響を受けていたり。日本人のなかには家族がいるなーって思う。

アメリカの人はね、結婚するとき家族に連絡しなくても結構平気だったりする。けど日本人は、「自分は自立している」という人でさえ、たとえば「あの人のようになりたくない」という言葉を通じてお父さんとつながっていることをはっきり表現していたりする。この観察事実をおさえた場づくりがいるな、と思い始めたわけです。

――「語る」や「話す」について思うところは?

橋本　日本語というのは、口にしたことがすぐ体験になるような言語だと思います。英語のように強くて明確な主語がない代わりに、身体できくんだね。それが日本語のあり方だと思う。

いまここで、僕の「話す」が成立しているのは、みなさんがこっちを見て、僕のことをきく意識を持っているからじゃないですかね。それにひかれて語っているのだと思います。僕、準備してきていませんから。「話す」ことが成立するには、先に「話したくなる」ような、なにものかがあるはずです。それは具体的に言うと〝人〟だと思う。自分のことを見ている誰かが先に必要ではないかと。

「話す」って、一言一言が呼吸です。だから僕が話せるというのは呼吸ができることであって、もし相手が僕の心の底まできいてくれるなら、僕はこの呼吸を心の底からできていることになる。喋れるというのは、音にのせて息ができるようになっていくわけです。

喋っていて、息ができなくなるような相手もいる。声も小っちゃくなってしまったり。そんな相手からは全力疾走で逃げなあかんのに、「仕事だから」「勉強だから」「夫だから」とか、そういうことで一所懸命そこに居つづけるわけだね。すいません、いらんこと言うてしまって（笑）。

息ができる相手のところに人も集まるし、ディズニー映画のバンビとかジャングルブックとか、森の動物も集まって来るじゃないですか。それは、そこにいると息ができるからだ。それが「話す」ということで、日本語で

は息ができるそのことを「生きる」と呼ぶんじゃないですかね。答えは非常に簡単にそこにあると思います。

その人に会えば会うほど息がつけるようになって、生きることができるようになる。『モモ』という童話があるんやね。小さい女の子が一所懸命、ただ無心にきいてくれるので、街の人が元気になっていって。でも「モモのおかげ」とも思わないわけだ。救ってもらったとも思わなくて。

モモの真っ白な、相手に対して驚いている、全面的にきいている姿勢。それが仮に手話だったとしても、心の底からきいている人の前では、呼吸は深くなる。

短い時間でもきく練習をするとわかりますけど、人が話していることを本当にきいていると、考えている暇はない。きくには自分のことをちょっと横に置く必要がある。なので「きく」というのは、自分の全注意力を向けることであって、重点はむしろその姿勢や態度の方にあります。

もう一つ「話す」というのは「手ばなす」ことだと思います。心や身体の中で滞っているものが、話す場をもらうことでどんどん放されていく。

『モモ』ミヒャエル・エンデ（岩波少年文庫）

すると楽になって。さっきまで「他人の話なんかききたくない」と思っていたのに、放して空っぽになったら、きけている自分がいるんだね。

なので、きくトレーニングというのはいらんなぁと思っていて。「話す」ことをさしてもらえれば、次、自動的に「きく」になる。だからこれも呼吸だね。いっぱい吐いたら次は吸いたい。そういう相互作用なんだと思います。

どんな文化が育つとしても、その根っこには人がいる。そして人と人の相互作用は、「話す」ことと「きく」ことになるはずだね。どんな文化もそこから始まることになるんじゃないか。この問いはおもしろい。「生きる」に直結することだと思います。

2014年10月　大阪

## 真剣さと真剣さと

――非構成的エンカウンターグループや円坐の場で、橋本さんがしていることはなんでしょう?

橋本　輪になって座る。時間の枠組みをつくる。これに尽きるんじゃないかな。空間設定というか、一種の舞台のようなものがつくられるわけです。そこで、声をきけるし、感じれるし、怒りにもごまかしにも触れることができる。自分のごまかしにも。

僕の方からはなにも言わないわけです。「なにも持ってきていません。伝えたいこともないですよ」と。みんな長い沈黙をして、「いまここでなにしてんのかなあ」とか、混沌から始まる。

で、2日間くらい経つと、自分の中の結構深い話をする人も出始めてきて、食事どきに「これが狙いだったんですね」「みんなでただ向き合っているんと、そこから何か起こってくる。そういうことをしようとしていたんですね」と言われたりして。狙いと言われると違う気はするが、事実そうなったから、その段になれば「ああ。俺たちはこうなりたかったんだな」とまあ言えるわな。

——でも毎回違って。事後的に「今回こうだったね」とは言えるけど、あらかじめは言えない。

橋本　言えませんよね。狙っていないからわからないし。当座は不安ですよ。でも結果はまだ知らないし、想定もない。そんなもの、あらかじめ持っていたら見抜かれますやん。
いわゆる〝ワークショップ〟に参加してくる人は、目標や成果を望んで申し込んでいるからオッケーだろうけど、そうでない人がいるんですよ。たとえば穂高養生園の福田さんのような人。ああいう侍のような気合いを持っている人に、「結果こうなりたい」と思いながら向かって行ったところで通用しない。それでは僕のエネルギーが弱すぎる。僕があの人から感じるのはピリピリするような、勝負師のようで、ドシンと動かない感じで。決めたら命がけでやる人だなあと。そういう人には及びもつかない。

目指すところがあらかじめあると、彼に真向かっているというより、別の方を向いているわけですよね。そっちの方で会いたいと思っているわけだ。でも向く先をそっちでなく、彼と自分の間に持ってくる必要があります。
「現在」が僕の目的でこれ以外にない。彼といる瞬間が僕の結果でもあり、始まりでもあり、このあと喧嘩別れしても構いませんというところに収束させないと。そこでないと出会えないようなタイプの人らがいて、そういう人たちは〝ワークショップ〟と呼ばれる場にはあまり来ない。現場で命削っているんだと思います。

知り合いに呼ばれて福島県の天栄村というところへ縁坐舞台をしに行ったことがあって。「天栄米」という、日本一の味の米をつくっている村です。そこで吉成さんという、町役場の課長さんに会いました。この人、やさぐれ不良課長で、もらった給料ぜんぶ車の改造とかに突っ込んでいて、彼が出勤してくると排気音で役所の窓がガァーって揺れたという（笑）。でもセシウムを含んだ灰が降ってきてから、その人が村の中心になった。「負けんの嫌や」ってお百姓さんたち集めて、啖呵切って、何百万もする高価な放射能の測定装置を町に買わせて。汚染された田んぼの除染に成功してね。お米はまた金賞とるようになって、天栄村を復活させた立役者です。

そんな場所で生きている人たちの話をきき、それを舞台空間にしてお返しする。縁坐舞台でね。そういうところに、こちらからなにも持ち込めないですよ。この人ら、そんなこと望んでもいない。

吉成さんは青々とした自分の田んぼを見て、「俺がつくったんじゃない」

と。なんか黒ーくて蛙もいっぱいおって、本当に豊かな土です。そこから日本一の米がバンバンとれるわけだけど、「これは俺一代でつくってない。この山も俺一代じゃない。ここで暮らして死んでいった上の人らから預かっている」と。その人らが耕作して耕作して耕作して耕作して、この土になっている。「この里山は〝俺たち〟がつくった」って言いましたから。継いで来ている実感がある。そんなふうにして土地と生きるし、彼はそう言わなかったけど、先祖まるまる土になっている。

あれが彼らの場づくりなんだね。で、「この里山は富士山なんかよりもずっと綺麗」と。そこで死んでいくということに関して一点の迷いもない。そんな腹の座った人たちに、まちづくりとか場づくりとか、カウンセリングとかファシリテーションとか、そんなもの持ち込んでも役に立たない。そんなものは吹っ飛ぶ。レイヤーが違うと思います。真剣さの度合いが違う。「俺たちは生きたんだよ」っていうのが、ガンガン来るような人らが日本の隅々に居てはって。

だからまずは敬意をもって、なんでその村が何百年もつづいているのか、なぜその村がその村なのかというところを頭下げて教わらなあかんね。僕には知り得ない、迫力のある〝結実〟としてその場所があり、そこで生きている人たちが居るわけだから、まずそれを僕が受け取らな。

まず出会って、その人らの由来を聞かせていただく必要がある。ほんでこちらも、自分の腹底を一緒にこう見せて。「あんたはそうなのかい。俺らはこうだよ」みたいなところで並列して。

そのあと、なにかできることがあるのかもしれない。そこにお互い謙虚に向き合おう。なにかできるならできるし、できないならできないというのが結果なわけだからそれもいいじゃないか。目標や結果は持たず、そんなん捨てて、「あんたは一体何者だ」ということに専心するのがまず最初にやっていることになりますかね。

2015年1月　奈良

## 依存しているという事実

橋本　「きく」ということについては、どんなときに「きいてくれている」

と話し手が思うのか、なんかあるはずだ。いまの自分には、それは僕が〝学んで〟身に付けた技術とは違うなにかだ、という確信があります。

聴く、とかリスニングとか。わかったつもりでいたけど、その方法やポーズが通用しない人はいっぱいいるし、なんか違うんじゃないかと僕も模索中で。ただ一つはっきりしているのは、「この人、きいた言葉をすごく丁寧に扱ってくれている」と思えたら、話の中身をわかってもらえてなくても、「ありがとう」という感じになるんだね。一所懸命きいてはるなあって。きくというのは、話を上手に要約してくれるとかそういうことではないと思うな。

福岡に仕事で行ったとき、そこの劇団の人が「うちにオモロイやつがおるから会わせたい」と言う。でもなかなか来なくて。夜、ようやく屋台で会えた。熊みたいな感じの人でした。でかくて、設計もする大工さん。僕はお酒飲めませんから横で注いで。「橋本さん。団長が会えっていうから来ました」「なんで来へんかったん?」「橋本さんがカウンセラーって聞いたから」と言う。

Photo: Yuki Inui

その人は長男だけど、ご両親は早くに離婚していて、下に4人ほど兄弟がいるけど真ん中の子は知的な障害があり苦労している。一度結婚したけど別れて、いま一人で弟たちの面倒を見ている。話をきいてゆくと他にもいろんな苦労があって、大変だなと。

で、なぜ会いたくなかったかというと「あんたがカウンセラーだから」「カウンセラーは俺のしんどさや、苦しみを取りよる」って言うんだ。こっちは「えっ?」という感じ。でも彼は言うの。「苦しみは俺のもんだ」と。楽になることを彼は「自分を逃がしてしまう」と言っていた。

これは僕、びっくりの価値観でした。大学で聞いたことなかった。セラピーをいくら勉強してもこんなのは出てこなかったですよ。しんどいものは取った方がいい。人生はできるだけ楽しく生きるのがいいと聞いていた。なのに彼は「橋本さんもきっとそういうやつだと思って。俺の苦しみを取りよるだろうから、会わなかった」と言うんだね。

僕、高校入試の手前のときに、将来の方向決めたいと思っていろいろ書き出してみたことがあって。無理矢理習わされていた「ピアノ」とかいくつも書いたの。で、いらないものを落としていったら、「野球」と「人間関係」が残った。

なんで「人間関係」って書いたのかわからないけど、小さな頃、大丸百貨店へ行くのが好きでね。理由はエレベーターですよ。当時エレベーターガールという職業があって、まだ小学生の僕にニコッとして「いらっしゃいませ、どちらの階に行かれますか？」とか言ってくれるわけ。それが嬉しくてドキドキしちゃって（笑）。エレベーターガールの女のひと好きになって何回も行ったり来たりして。中学校の修学旅行のときも、いやあ思い出すもんだね、小森さんっていうバスガイドの人、好きになりましたよ。すごく親切にニコッとして話聞いてくれる。そういう人だった。

そういう誰かとのほんのちょっとした関係によって、数日に渡って自分の気分が変わることを知っていたので、それで「人間関係」を入れたんだと思います。実際、人がほんまに死にたくなるときは人間関係でしんどくなるときですよ。自分の欠点云々でなく、誰かとの関係が駄目なとき、僕らは死にたくなりますよね。

大学を卒業して、高校の社会科の先生になって「教えない授業」というのをして。10年ほどしてから大学に移って、母校の学生相談室でまた10年ほど働くんです。そこでカウンセリングとかセラピーとか、あらためていろいろ勉強した。学会にも入ってね。

職場は楽しかったけど、臨床心理士が入ってきてから居心地悪くなりましたよ。あんな資格、以前はなかったんだけど、その取得課程を大学がつくったので、相談室のスタッフも臨床心理士でないと筋が通らないから「取れ」と言われ。


専門的に学んで資格を持っているから人の話がきける、というのにはすごい違和感があって。非常に抵抗しました。

でも当時はその違和感の正体がわからなくて。自分の方がおかしいんじゃないか。閉じていく俺の問題だなと。この違和感を取り去らなければと思いながら、いろんなスクールに通って勉強した。そこには個人として主体性を持ち、集団の中で自立して、よりオープンマインドで自己実現へ向かう成長モデルがあったわけだ。

信じていましたが、いまはまったく信じていません。たとえば僕はいま目の前にいるみなさんに対して自立というより、完璧に依存していると思います。変わったのは「依存している」ことに抵抗しなくなったことだね。

**臨床心理士**
河合隼雄らのリーダーシップで進められた日本臨床心理士資格認定協会の設立とともに、資格の審査・認定が始まった(1998〜)。〝心の専門家〟と称される。

依存している事実を、僕は了解したと思います。

（会場の参加者から、「弟が自閉症で、高2になるけど言葉を話せない。家で一緒に暮らしていて、自分が話しても弟の言葉はない。反応は見えるし察することはできるけど、自分が吐いた息を自分で吸っているようで、虚しく感じてしまうことがあるんです」という話が入る）

**橋本**　ポタポタ落ちる蛇口の水を何時間も見ておられたり。家の柱と同じ色に自分を塗って、じっとされていたり。自閉症の人についてわかっていることは少ないですね。

非常におもしろいのは、自閉ではないと思っている僕らは、生まれて、やりたいことをやり始めて、主体性が始まると思っている。「自分がしたいからしている」「近づきたいから近づいた」というふうに、主体的な自分を立てて考える。

でも小さい子をよく見ると、誰にでも観察できる。子どもはこうやって、お母ちゃんの方をパッと見るの。「いま自分のこと見てるかな？」って。笑っていたらつづけるし、怒っていたらやめとこかという具合に、お母さんの視線に自分の視線を重ねていて。こうして僕らはできあがってきているると僕は捉えています。

いまもそう。僕が話しているのを聞きながらみなさんが頷いてくださったり、西村さんが見ていたり、後ろのカフェの出店者が立ってこっちを見ていたり。そういうのを「きき」ながら喋っている。

一緒ですよね。他者の視線に自分の視線を重ねているんです。「人にどう見られているか」を含んだ上で自分の動きを選択している。そして「誰かが見てくれている」と思うと、勇気が出てくるわけよ。

もしそこが切り離されていたら。自分がまったく存在していないかのように、誰も自分を見てもいないし、感じてもいないふうにまわりの人々が振る舞ったら。家に帰っても誰も自分を見ないとしたら。そういうとき僕らは本当にきびしい。

ところが、自閉の子はその状況に平気なんです。相手の視線を通じた自己規定をしていないように思われる。なので独特の創造性を持って、独特のあり方で存在している人々です。

それを「自閉」と言っていいのか僕はわからない。俺たちの方がなんか閉じてる気がせんこともない。なぜ「自閉」といって、僕らはよくない印象を持ってしまっているのか。彼らがどう思っているかは全くわからないですけどね。

僕らは視線を重ねている。だから、「きく」ことと「話す」ことはわかれていない。わけると意味不明になってきます。それは一つのことなんだな。

## 高山一家の、日常生活の冒険

# 自分の人生を自分で体験したい

「元気にしてるかな」と、益子の三人家族のことを時々思い浮かべる。息子の源樹くんはイタリアにいる。高校を出てしばらくミラノで働き、いまはサルデーニャ島に移ったはずだ。一年ほど前に高山家を訪ねたら、一時帰国中の彼がいて最新情報をきかせてくれた。

ミラノでよく通う古着屋さんで服をみていたら、とても素敵な年配の男性客がいて同じく服を物色していた。彼の出で立ちに心が動いて思わず「素敵ですね！」と話しかけたら、しばらくそのまま立ち話に。古着屋は彼の友人の店で、立ち上げを少し手伝ったとか。本人も服飾の会社を経営しているという。

源樹くんは自分が「日本の高校を出て、食に関心がありイタリアに来てみた」ことや「ワインなどの生産現場に惹かれるものがあり、ゆくゆくはそれらと日本をつなぐ仕事をしたい」という想いをひとしきり語り、互い

**高山英樹／純子**（たかやま ひでき・じゅんこ）
1964／67年・能登／東京生まれ。2002年から益子暮らし。英樹さんは木工作家。自宅横の工房で家具をつくり、出向いて空間づくりを手がけることも。益子・スターネットの初期段階でも腕をふるっていた。以前は服飾デザイナー。純子さんと高校卒業後イタリアに渡った源樹くんの三人家族で、彼らが年月を重ねてきた家づくりは多くの人の心を鷲掴みにしている。BRUTUSの名物特集「居住空間学 2012」で巻頭を飾った。
Photo: Yuki Inui

に「グッドラック」という感じで別れた。

次の日、前日に見かけた服が気になってもう一度店を訪ねると、また同じ彼が来ていた。今度は一緒に会社で働いているパートナーらしき人も一緒で、「また会ったね」「こんにちは！」と再び立ち話が始まり、その日初めて会う人に源樹くんがあらためて身の上話をしていたところ、横で見ていた経営者の彼が突然「君、サルデーニャ島に来てうちの会社で一緒に働かないか？」と言う。パートナーの人も驚いていたけれど、すぐ「ああ。それはいいですね！」という反応に。源樹くんは「えっ、えっ、えっ!?」と。「ワインや食でなくファッションの会社だけど、いい経験になると思うよ」と。

そんな出来事はつゆ知らず、益子の家でスヤスヤ寝ていた両親こと英樹さんと純子さんは、真夜中の国際電話に起こされる。「サルデーニャ島に行く！」「はあ!?」と急転直下の動きがあり、ミラノからの引越前に一時帰国しているのだと教えてくれた。

騙されていないといいし、日本向けの無理めの仕事を与えられたり、しんどい想いをしていないといいけど。でも、まあ一つひとつが体験。源樹くん自身は、他でもない自分の人生を生きている実感があるだろう。

そんな息子さんを含む高山一家の話をきいてみたい。彼らは益子に移り住んで16年。英樹さんは木工作家としてテーブルや椅子や食器をつくりながら、純子さん、源樹くんと3人で、ちょっとした家で暮らしてきた。

## 成功したいわけじゃなくて体験したい

英樹　地元は石川の能登。環境にも家庭にも満足していたけど、次男だし、あと小学校高学年の頃から社会に対する違和感のようなものが膨らんできていて。高校までは地元にいたけど、どっか出ていきたい。ちょうど80年代で日本がすごく元気で、「ファッションいいんじゃねえの？」と思って東京に行ったんですよ。すごく楽しかった。けど、仕事や都会の暮らしには「なんか違うな」という気持ちもあって。
先輩の「旅に出ると面白い」という言葉をきっかけに、22から29歳の8年間くらい、お金を貯めては旅に出るようになったんですね。その最初の旅がすごいインパクトで。アメリカへ行き、そこからメキシコを経て、グアテマラの方をめぐる4～5ヶ月間。ニューヨークまでは既に聞いたり知っていたことを「楽しいよね」と確認している感じだったけど、飛行機でユカタン半島に入ったところからまったく事前情報がなくて。乗り合いバスがめっちゃスピード出すんですよ。バイクとかバンバン抜いてくの。「バスいちばん速いんだ！」と（笑）。いきなりジェットコースターに乗ったような感じで、「そこから人生始まった」みたいな。

アメリカ、メキシコ、グアテマラって、順番でより発展途上国になってゆくんだけど、僕の感じる幸せ感では明らかにグアテマラの方が豊かで。行ってみたらみんな楽しそうで。ずっと抱いていた違和感がそこでちょっと取り払われてしまった。

21歳くらいまで、「これがいいんだよ」とか「こういうのがカッコイインだ」と教わっていたものが何も要らなかったのね。日本での価値観が通用しない。でもすごい楽しそうに暮らしている。たとえば住宅にしても、日本の家の建て方とか使い方をある種常識として受け入れていたけれど、ところ違えばこんなふうに違うし、自分で自分のスタイルをつくれるんだなと。そんな出会いがたくさんあって。

「こんなところがあったんだ！」「早く教えてよ（笑）」と。住まいについても、自分の家は自分でつくって楽しんだ方がいいよねという気分になってきた。その後、中米でもインドでもヨーロッパでも、やっぱりそういう人たちにいっぱい会えて。「自分が楽しいことを、自分でやっていけばいいんだ。誰になに言われようと、僕自身が楽しければそれでいいんだよね」って。

いまこの世界に、「生きてゆくって大変だね」と言う人もいれば、「楽しくってしょうがない」と言う人もこんなふうにいる。だから、その「楽しい方」へ行けばいいんだなって。で、自分たちが楽しく生きてゆくには、東京はちょっとスピードが速いなと。時間の進み方がもう少しゆっくりしているところはないかな、と考えていたら「益子ってとこがあるよ」と友達が教えてくれた。「いろんなモノづくりをしている人がいて、面白いんだよね」って。

**純子（妻）** ある友だちとの会話の中に「益子って、自由人がすごく住んでるらしいよ」という、なんの情報かわからないような言葉がポーンと出てきて。「え。自由人、住んでるんだ！」って。その言葉に私はすごい惹かれて。

――自由人ってなに？（笑）

**純子**　「やりたいことをやりながら生活できる人たちが暮らしている」と。「そんな場所があるんだ」「見てみたいし、行ってみたいね」と話し合ったの。栃木なら両親も住んでいるし、そこから通えば、住むところも探しやすいかもしれないって。

**英樹**　車を走らせて、たまたまこの場所を見つけたんです。最初は田んぼを渡る車道もついていなかった。柱を折って屋根を落とした廃屋と、いまも残っている古民家の2軒がぽーんっとあってね。不思議なご縁があってそこを売っていただけた。

二人で茅葺き剥がしして。屋根の中の茅ってすごい量なんだよね。取っても取っても終わらない。軽トラで何十回も山の友だちのところへ捨てに行った。でも解体していると化学物質が出て来ない。全部腐るもので出来ていて、本当に素晴らしいなと思った。

――鳥の巣みたいだね。

**英樹**　そう。全部土に還る。家の後ろの木も、お塩とお酒でお祈りして20本くらい自分たちで伐って。ボロボロだったけど最低限の機能は付いていた中古のユンボを15万円くらいで購入して、敷地を平らにして。働きながら時間を見つけて通っていたから、そこまでで2年くらいかかった。地面が家を建てられる状態になった時点で、もう大喜びだったな。

**純子**　すごく大変な作業だったけど、私たち「楽しもう」っていうことにはすごいエネルギーが出るんです。私は女性だし「でもこれって？」と不安になることもあるけど、主人は本当になんていうか迷いや不安を持たないタイプの人で。息子は息子で小学生の頃から「スーパーポジティブ人間」というあだ名が付いていたような子で。それぞれ「楽しい」と思うことに対しては、もう努力を惜しまない。

――「自分でやる」ことについて、厭うものがないんだね。

英樹　そうそう。自分でやりたいから。僕、完成されたものを手に入れるよりやってゆく行為が好きなので、そこを人にまかせちゃうのは損じゃん？　って。お金払って面白いとこまで取られてどうすんの？　っていうか。自分でやれば、すべてが楽しいわけですよ。

セルフビルドが好きというのとは少し違って、「生活全部をセルフビルドしたい」というか。単純に「生きている」というか、自分なりに暮らしをつくってゆきたい。

昔はみんなやっていたことだと思うし、小っちゃなことでもいいから自分で確認したい。他人の体験談を聞いたり読むだけでなく、自分でやって、確認して前に進みたい。成功したいわけじゃなくて体験したいんですよ。

## 他人のシステムで生きなくても

——で、平らにした土地に、自分たちの手で家を建ててきた。

英樹　その頃、宇都宮で農業の仕事を手伝っていて。ビニールハウスの中がすごく快適だったんです。売ってもらった古民家の方は傾いていて、改修して住むのはすごく大変だと思ったから、ビニールハウスのような家をその横に建てれたらと。

**純子**　「そんなの住めるわけないじゃない」『外から全部丸見えなんだよ?』と話していたら、私の父がプレハブの中古業者さんと知り合って。「それってすごくいい話なんじゃないの!?」って、ビニールハウスからプレハブに矛先が移り。

業者さんに聞くと、パーツの組み合わせは自由ですと。「2階まで全部ガラスとかできますか?」と訊くと、やったことないから薦められないと言う。でも彼にはビニールハウスのイメージがあるから全部ガラスにしたい。業者さんは「こんな建物はおかしい」「倉庫ですか? 住むってことですか?」「床下にガラス面がきちゃうわけで、構造自体おかしいし全然責任持てない」と。でも「住むの自分たちなので責任は持たなくていいです」と言い、業者さんも「それなら」という感じになって。

こっちはもうどんどん力が入っていって。プレハブの組み上げも自分たちでと考えていたけど、「クレーンで荷下ろしするときそのまま建てられる。下ろす手間と組み立てる手間がほとんど変わらない」と言われ、骨組みは主に業者さんの作業で一日で建った。

——基礎だけ先に打っておいて？

**英樹**　そう。自分たちでブロック積んで、ベタ基礎をバーンと。

——プレハブ、いくらしました？

**英樹**　150万円くらい。で、鉄骨にペンキ塗って、パネルを全部入れ換えて。宇都宮の道路拡幅工事で築10年ぐらいの家が壊されると知って、「窓サッシもらえませんか？」と訊いたら「全部持っていっていいです」と。便器とか欲しいもの全部はずしてきて古民家の方に取っておいて。そこから時間をかけて、だんだん住めるようにしていったんです。

　引っ越してきた日、ここを見て源樹も最初に「窓、ねぇじゃん！」って(笑)。小学校に上がるタイミングに間に合わせたかったんですよね。途中から転校するのはかわいそうだなと思い入学式の1週間前に越して来て、

ブルーシートを張って風を防いで、裸電球を吊して。サッシはまだ入れてないけど雨は凌げるので、中にテントを張れば住める。

そこに家庭訪問の先生が来て。最初に入ってきたとき「え…」と。キャンプ用の折り畳みテーブルのベンチを「どうぞー」と促したら、「うっ」と座るのを躊躇していて（笑）。源樹が4年生のとき、その先生が寄ってくれて。家の工事も少し進んでいたから、「いやーきれいになりましたね」「あの時はびっくりして何も言えませんでした」「心配でしょうがなかった」とか言っていたね（笑）。

**純子**　最初のうちトイレは、傾いている古民家の方にあったボットン（厠）を使っていたんです。ペンキを塗って最低限きれいな状態にしていたけど、季節が変わってさすがに寒くなってきて。

**英樹**　「そろそろ外へトイレに行くのキツイよね」と、プレハブの中に、まず最初にトイレをつくった（家族の引越から半年以上あと）。屋内の足元は床板を張る前の汚いコンパネ下地で、昔の釘とか出ていて危ない。床板は用意して積んであるんだけど、すぐには進まない。

で、トイレの壁を立てるなら先に床を張る方がいいから、まずそこだけ半畳ぐらい床板を張り。三人で座って「床っていいよねー」と撫でちゃったりして（笑）。家の中でそこだけが床板であとは土足っていう、不思議な状態だった。

――じゃあその頃はまだ台所の流しもなく。

**純子**　最初の半年くらい料理は外でしていたと思う。向こうの古い家からガーデニングホースで引っ張って、シャワーで水出して。

**英樹**　みんな罰ゲームだと思って聞いているかもしれないけど（笑）。とにかく僕は「大抵のことは時間をかければできる」と思っていて。普通はできるだけ早く欲しくてお金を払って手に入れると思うんだけど、そうじゃなくて「うーん。これどうしよう？」と考えて、また次の日になったりしながら、じっくり自分で納得するようにやるんです。

――旦那はともかく、純子さんはそれでいいんですか？

純子　ねえ（笑）。結婚前に付き合っていた頃「夢は？」とか話していたら、「僕はお金って要らないと思うんだよね」と言い始めて。私、もうこの人なに言ってるんだろうと。叩き直してやろうと思い、「食べ物だって必要だし、家も欲しいと思わないの？」と詰め寄ったら、「そういうのは全部自分でつくれるんだよ」と話し始めて。

私が育った家庭では、電気屋さんに照明を替えてもらったり専門の人に頼む生活をしてきたから、「自分でやりましょう」という感覚はたぶん薄かった。だから彼が「全部自分でつくる」と言ったとき、なに言ってんの？この人、と。この人は根本がわかっていないと。

けど「そういうのは楽しいことなんだから、自分でやらないともったいないんだよ」と言われ。「家も自分でつくる」とまで言い始めたから、もう大間違いだと（笑）。

英樹　僕は都会育ちでないし、ましてや親が大工で、実家は農家をやっていたり。ファミリーで全部完結してるところがあって。それを見て、そういうものだと思って育っているから。

――ＤＩＹな暮らし方への憧れでもなく、「できる」と知っていた。

**英樹**　そうそう。で、素直に「それを自分でもやってみたいな」と。自分なりの形で。実際、農業も家の手伝いも、僕にはどれもすごく楽しい思い出なんですよ。大人たちは大変だったかもしれないけど、作業の合間の15時のおやつとか、ピクニックのようで。スイカ食べたりお茶飲んで、みんなとしゃべって「じゃあまた仕事」って。働きながらもお喋りして、毎日すごく楽しかった。楽しんで働く工夫があるんですよ。

そんな環境で育った自分が、社会に出て、都市で働き、暮らし。でもそこで「あたり前」とされていることにあまり納得がいかず、そんなとき旅に出てよその国の暮らしを見たときに、「やっぱりこれでいいんだ」「こんな暮らし方をしたいな」と、現実的に思えるようになった。

――自分の暮らしを、自分で、自分なりにつくる。

**英樹**　誰かが考えたシステムに沿って一所懸命生きる、ということをしなくてもいいんじゃないか。やっている人はやっている。本人なりのやり方を見つけて生きている姿が見えてしまって。自分が子どものときにも、そういう人たちはいた。普通にそういうことをやりたいなって。

**純子**　最初に聞かされたときは「全然違う」と思ったけど、でも何をやるにも彼は楽しそうだし、巻き込まれてゆくと私も「やっぱり楽しい」って、味わい始めて。

たとえば東京で暮らしていた頃「タクシーでどこか出かけたい」と私が思っていても、彼は「自転車で行きたい」と言う。で、一緒に走っていると結構楽しい(笑)。なにかお祝いしようってときも、食べ物を詰めて河原でピクニックとか多摩川のどうってないところに連れていかれて、でもやってみるとそれも楽しかったり。お金を使わなくても楽しいというのを、どんどんどんどん味わって、だんだんだんだん、私の方がハマっていった部分もあり。

――根本、入れ直すんじゃなかったっけ。

**純子**　そうそうそう！　ちょっと入れ直されちゃった（笑）。
そして益子に暮らしを移してみたら、細かいところはそれぞれ違うけど、「自分の暮らしを自分の手でつくりたい」「その体験を楽しみたい」という価値観を同じくする人がいっぱいいて。

**英樹**　都会でも田舎でも、暮らす上ですごく大事なことはやっぱり「価値観の共有」だと思う。価値観が重なる人がいると、すごく住みやすかったり、しっくりくるんじゃないかな。益子はそういう部分ですごく心地よかったし、話し合えるし、前へ進む原動力になった。

益子を気に入ったもう一つの理由は子育て。源樹は宇都宮で生まれたけど、小学校に上がる前にどこかいいところをちゃんと見つけてあげたいねって、二人で話していたんです。僕は18歳まで能登にいて、故郷の感じが強烈に残っているから、源樹にも彼の故郷があった方がいいと思っていて。それを考えたときやっぱり都会じゃなかった。
あとここが良かったのは本当にいろんな人がいるのね。サラリーマンの人もいれば、農家の人もいるし、陶芸やっている人、革職人や服づくりの

Photo: Yuki Inui

作家さん、本当にいろんな人がいて。みんな自営業で「大変だよね」と言いながらも、それぞれ「生きる」ということをちゃんと一所懸命やっていて。その姿を直に見ることができた。

そんなふうに生きている彼らは子どもを子ども扱いしない。小さな頃から一人の大人というか、存在として扱ってくれた。ちゃんと怒ってくれるし、接してくれて、それはすごく有り難かった。周りのみんなが育ててくれた。家づくりと子育てが両方併行してできたというか。

――えっと、この子です。（会場で聞いていた源樹くんを指して）

英樹　こいつがまた喋るからさ（笑）。

## 未知のものに向かってゆくのは楽しい

源樹（息子）　小さな頃、「スーパーポジティブ」と言われていました。なにがあっても「楽しいね、楽しいね」とやっちゃう人間で、同級生から「お前なんでこんなこと楽しいと思えんの？」と言われても、もう本当に草刈りでもなんでも楽しい。
たぶん人間って、生まれたときからそういう感情を持っているわけではないと思うんですよね。僕のは刷り込みですよ。本当に。だってボロボロですよ、家（笑）。床のあちこちに釘が出てて、学校から帰って来ると「釘抜こうね」ってペンチ渡されて一緒に抜くわけですよ。腰痛くなるまで。でもうちの家族はその重労働を「楽しいね、楽しいね」って笑いながらやる。「やってみ。楽しいから」と言われて、やると楽しいんですよね。

――他の選択肢がない（笑）。

**源樹**　「つらい」っていう言葉がないんですもん。「楽しい」の一択で（笑）。だから親が楽しそうにしていれば、子どもは楽しいのだと信じます。
小さな頃、家っていうのは、うちと同じように住んでいる人がつくったものだと勘違いしていた。みんなやってると思っていて、友達の家とか「これはすごいな」「どうやっているんだろう？」と感心していました（笑）。

――高山家に生まれてどうですか？

源樹　僕はもう本当に幸せだなと思う。お母さんと親父が、家をつくることを含み、全部楽しそうにやっててくれたおかげで、そういうのは楽しいもんだというのが常識になっちゃった。

常識って、小さな体験の積み重ねだと思うんですよね。それを「楽しいもんだ」と認識させてくれたおかげで、「出会ったことのない未知のものへ向かっていく過程は楽しい」という感覚をつくれた。

あと、僕の家はこうでも、学校のみんなの常識は違うこともある。簡単な例だと家にテレビがないことでいじめられたこともあった。「お前んちテレビが買えないほど貧乏なのか」って。喧嘩になることもあったけど、そこで言い争いにしないでうまく話を持っていくとか、違う話で共通点を探していくとか。意見や考え方がまったく違う人と合わせていく作業がすごく必要なときもあり。そういうの全部よかったなと思うんです。

小学生の頃はすぐ怒っていたけど、だんだん忍耐力がついたり、そこで楽しめるようになった。自分から話してゆくことで得られるものがあるとわかって。で、ずっと話してきたけど、あるところから今度は聞くことが

面白くなったり。

去年高校を卒業してイタリアに行ったんですね。親父がこういうモノづくりの仕事をしているので、僕もそういう仕事がしたい。継ぎたいなと。それで「高2の夏にどこへ行ってなにをしたら面白いと思いますか？」って、周りのいろんな人たちに質問したんです。ある人に「僕は手仕事と芸術が見たい」と話したら、すごく一緒に悩んでくださって。「とりあえずフィレンツェに行ってみたら？」と言ってくれて。

**英樹**　めっちゃ盛り上がって帰ってきて「父ちゃんフィレンツェだって！夏休み、フィレンツェだよ!!」と言うから、これは面白くなったと思って（笑）。「いいじゃない！チケットやホテルの予約、全部自分でやるんだったら経費は出すよ」と言ったら「わかった」とコツコツコツコツ始めて、それで行ったんだよね。

**源樹**　「フィレンツェにつながっている人、イタリアで手仕事をしている知り合いはいませんか？」って、いろんな人に訊いて。こういう人いるよと教えてもらい、アポイントをとって、宿とって、行ったんですよ。イタリア語まったくわからないし英語も全然しゃべれないけど、お店でつくられているモノを見て、「これすごいな」と思ったら「見せてください」とノックして。「もう終わってるよ」と言いながら工房を見せてくれたり。

2ヶ月かけて一足の靴をつくっている現場を見て、モノをもっと大切にしなきゃと思ったし、手入れをしなきゃいけないってすごく思った。それから靴とか、身の回りのモノの手入れをすごくするようになりました。革靴だったらオイル塗って、そんなふうにしているとやっぱり愛着がわく。自分にも大切になれている感じがするんですよ。靴磨きながら一日をふりかえっていたり。あれは安定剤になりますね。お薦めします。

純子　黙ってると、この子3時間ぐらいずーっと喋ります（笑）。

源樹　違う国へ行って、言葉って本当に大切だとあらためてわかった。イタリア語が一切わからない、何を話しかけられてもさっぱりわからないところから言葉を覚えてゆく中で、「悲しい」とか「嬉しい」しかなかった自分の感情がだんだん複雑化するというか。枝分かれして、わーっと豊かになってきて。「感情って言葉で出来てたのか！」って、すごく驚いたんですよね。

逆に言えば、そこの言葉を喋れないと、どの国へ行っても同じになってしまうんじゃないかな。

――（英樹さんたちへ）益子では彼のまわりにいつもいろんな大人がいて、高山家はある種の拡大家族だなと思うけど、二人は〝かぞく〟というものをどう考えている？

**英樹**　自分がそうだったというのもあるけど、僕は、親と子が本当に向き合えるのは18歳までだなと思っている。それからは年に一回とか、会わない年もあるくらいで。だから「18歳になるまでは付き合うよ」という意識なんだよね。この18年間は、とにかく一人の人間として向き合って育てたいと思ってきた。ここに子どもがいる、その成長を楽しむことを十分にやりたいって。

鹿児島のしょうぶ学園の「Ｎｕｉプロジェクト」の展示が栃木であって

見に行ったんです。そうしたら作品も凄かったけど、いちばん感動したのは、一点一点についていたキャプション。

「この作品をつくった人はこういうことが好きで、こんなことをずっとつづけてしまうところがあって」とか、つくり手の個性がすごく書かれていて。作品解説というより、つくっている人を本当にちゃんと見て付き合っている人じゃないと書けない文章だったんです。施設に通って来る一人ひとりに、しょうぶ学園のスタッフがちゃんとかかわっていることがすごく伝わってきて。

僕が源樹に対してやってきたことってなんだろう？という自問があったんだけど、このとき初めて「あっ。付き合うとか、向き合うってことだ」という言葉に落とせた。

で、いや待てよと。「これってすべてだな」と思ったの。

じゃあ純ちゃんと僕、僕と源樹、僕と西村さん、僕とコーヒーカップとか。全部ちゃんと向き合ってるの？と。

ちゃんと向き合って付き合うと、身体障がい者と呼ばれる人たちが、こんなものをつくっちゃうんだよねって。だったら、たとえば息子とその全

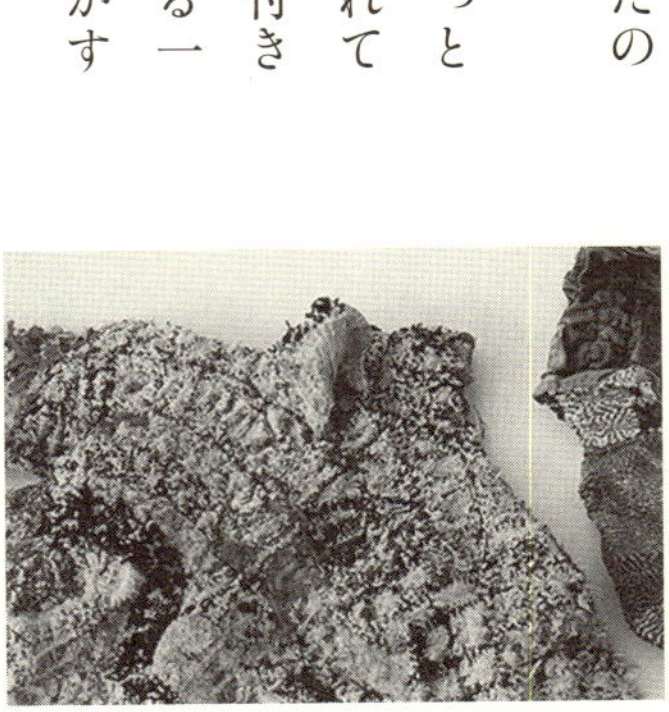

**Nuiプロジェクト**
鹿児島の福祉施設・しょうぶ学園の「布の工房」で通所メンバーが衣服や布に「針一本で糸を縫いつづける」行為を1992年から重ねるように。アートやテキスタイルの分野にも刺激を与えている。

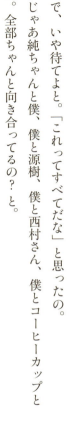

部にちゃんと付き合ったらとんでもない人間になるんじゃないか。

しかも向かい合って付き合うというのは、一方通行でなく、相互のものじゃないですか。だからみんなも、「この人が面白い」と思って本当に向き合うことを意識して付き合っていったら、とてつもない世界が見えるんじゃないか！　と思い始めちゃったの。

――「向き合う」って？

**英樹**　時間をとる、でもいい。その人に時間をかける。

それは昨日の橋本さんが言っていた「きく」ことだと思ったり。いろんな意味を含めて「向き合う」と言っているんだけど。方法はそれぞれだと思うけど意識して対峙する。ちゃんと丁寧につき合おうって。それをやることが家族だな、と思って。

友だちが来て、時間がゆるすなら一緒に話をきく。一緒にお茶を飲む。ということも、丁寧にやるとどんどん面白くなってゆくことがわかって。「家族」っていうのは、それをする場なのかなと。

## “自分の生活”を

――うちは親が地方出身の核家族で、東京に親戚は少なかったし、通っていた学校も近所でなかったから、家が住み開かれていて人がドサドサ来ている状況は驚きです。高山家で学習している感じがある。

**英樹**　1階はドーンと広くて、玄関はなくて、引き戸をあけると向こうの庭が抜けて見える。水田の風景が広がっていて、家の中だけど外っぽく感じるつくり。入りやすいから実際入ってくる人が多い。

**純子**　気がつくと靴脱ぎ場のところに人が立っていることがあって、そういうのはびっくりする。

**英樹**　近所の仲間は「益子の公民館」とか言う。本当にいっぱい人が行き来しているので、「交差点のよう」と言う人もいる。しょっちゅういろんな人が「いる？」と電話をかけて遊びに来ている感じ。普段からみんな集まって来るんですね。そういうのがいいと思っているし、能登の実家の体

験が大きいかもしれない。

普段は家族で暮らしているけど、宴会とかでお客さんが来ると襖をバーッと外して大広間のパブリックスペースになる。核家族化する前の日本の家はどこもそんな感じだったと思うけど、家族や親戚が多かったから常に誰かが来ていた。それがすごいよかったので、僕には人と出会うのが楽しい、面白いというのがすごくあって。

今みんなが思っている「家」って、個人のものとしての価値が大きくなってるけど、日本の田舎の家は個人のものであると同時に、家族以外の人たちが集まる構造にもなっていて、それを普通に住む空間として人々が受け取っていたのかも。

純子　そういう開かれている家を訪れたとき、私自身が心地良さを体験する。そこで嬉しかったことを最初は真似てみながら、だんだん当たり前になってきた。
基本は私たち自身が楽しみたいんですよ。家で人に会うと、私はすごくリラックスしていられるので、こんな話ができちゃったとか、来てくれた人と自分が響き合うのが本当に楽しくて。うち三人とも根本で人が好きなんだよね。

**英樹**　それはあるね。

**参加者**　質問ではないけどいいですか。僕、益子で働いていた期間があって、高山家には本当にお世話になった。高山さんたちがいなかったら4年もいなかったんじゃないかと思います。すごくウェルカムで暖かくて。

でも一方で、高山さんはすごく空気を大切にしているんですよ。感情というか。以前、純子さんのお友達が遊びに来ていて、彼女の話を「うんうん」と聞いていたのだけど、その内容がなにかの愚痴か家族の不満だったか、すごくネガティブだったと。あまりにもそれがつづくものだから、高山さんが「家のなかに悪い空気が入るから外に出てくれ」と言って、純子さんたちが外で話のつづきをしていたことがあったらしい（笑）。

「家のなかに悪い空気を入れたくない」っていう厳しさを持っているんです。楽しくてポジティブでハッピーな印象を受けていると思うけど、それだけではなくて、守りたいものをすごく持っている。

英樹　ここまで話してきて、僕のことをすごく強い人間だと思った人がいるかもしれないけど、逆に言えば、集団的に動けなかったんですよね。みんなと同じように就職とかやれなくて、だから自分の道を行くことしかできなかったんだと思います。
　僕の木工作家としての連絡先って、ウェブで検索しても出てこない。近い人を伝って来るしかないんです。「なんでもつくります」という価値観ではないし、できる仕事量も限られているから、自分のことをわかってくれる人と仕事をするスタンス。

純子　彼は肩書きは木工作家だけど、「生活のために木工をやっている」んですよね。したい生活があって、そのためにいちばん得意とする部分、まわりと繋がれる部分で家具や食器をつくっている。
　で、結局うちは大稼ぎはしていないけれど、使いたいなと思う量のお金は入ってきている感じなんです。少なければ少ないなりに、多ければ多いで。だから変な無理の仕方はしていない。

英樹　若いときからずっと、お金というものがよくわかんない部分があっ

て。だから本当にお金じゃ動かないんですよ。熱量を感じないとつくれない。展示会とか頼まれると頑張って一所懸命つくるんだけど、基本的にはお店の人の「やって欲しい！」という熱が伝わってきたときに動く。だから少し間違えたら山で浮浪者になっているかもしれない（笑）。本当にお金に執着がないんです。

『ＢＲＵＴＵＳ』の居住空間学で家が紹介されたのは嬉しかった。自分たちが今までやってきたことを、わかりやすく伝えられた気がして。木工作家の仕事より、むしろ家の方が知られているような状況になってきていて、これはすごくいい。本当にやりたかったのはそこなので。

高山家を知っている人たちは、セルフビルドとかプレハブの建物というより、話し方や、食べ物や、総合的な暮らしぶりを気に入ってくれているんじゃないかな。そうだといい。僕自身はまさにライフというか、〝自分の生活〟をつくり出したかったんですよね。

**別の参加者**　お二人の話をきいて、どんどん体温が上がってきたというか、どんどん熱くなってきて。「着すぎてるのかな」と思って脱いでみた

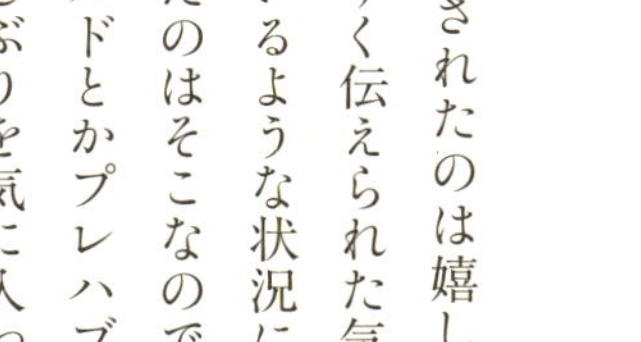

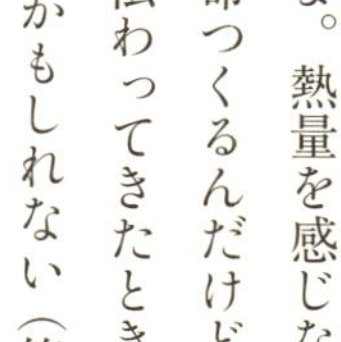

んですけどあまり変わらない（笑）。
いまマイク持って立ったことで最高にドキドキしてるんですけど、いや座っているときから「これはなにかな」と思いながらずっと話をきいていて、なんか感動とか共感とかワクワクするとか、そういったものとは違うなにかが自分の中で起こっているなと思いながら、後半、話もちょっとよく聞けていないくらい。正直、今回の8名のゲストの中では期待度はあまり高くなかった。

**英樹**　わかってます、わかってます（笑）。

**参加者**　でも断トツ、トップに上がってきた（笑）。べつに質問はなくて、でもこういう気持ちになったことだけお伝えしておこうと思って。

## 内野加奈子さんの海、船、ひと、山

# 選んだものを答えに

目の前にいるのに、そこにいない感じがする人がいる。そつが無く、会話も滑らかに交わせるのだけど、その前を他の人がどんどん通りすぎているふうにも見える人。あるいはそこにはいるものの、どこか緊張があり、始終まわりを気にしている人。

ある日友人から「いま晩ご飯を食べている」と連絡が入り、教わった店を訪ねてみると他にも何名か客人がいて、中には数年ぶりの知人も。「おーっ！」と声をかけあう様子を、同じテーブルでニコニコ眺めている女性がいた。それが内野さんとの出会いだ。

彼女には、とても安心してそこに「いる」感じがあった。自分の持ち場は離れずに、しかしちゃんと応答して人々との時間を楽しんでいる。好奇心は闊達だけど、健全で、他人の話題を横取りしたりマウントしてゆくような動きもない。周囲の世界に対する基本的な安心感が漂っていて、そん

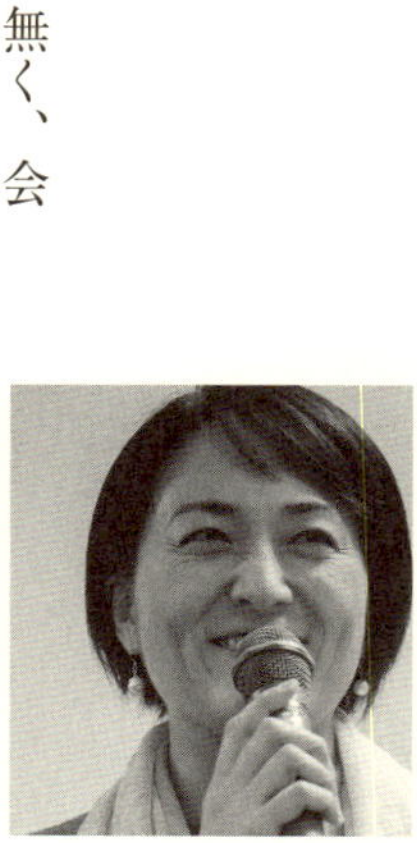

**内野加奈子**（うちの かなこ）
東京生まれ。星や波、風などの動きを手がかりに外洋を渡る伝統的な航海術で、ハワイから日本を目指す5ヶ月の旅（2007年）を実現した「ホクレア号」のクルーの一人。慶應義塾大学 総合政策学部卒。ハワイ大学大学院で海洋学と写真を学び、2011年からは高知市の土佐山アカデミーで〝学びの場づくり〟のディレクターをつとめている。インタビュー前の2014年には夏前後の数ヶ月間、イギリスのシューマッハ・カレッジに滞在した。
Photo: Yuki Inui

な印象が強く残っている。

高知市から少し山あいに入った土佐山という地区で、集落全体を活かした学びの場づくりに仲間たちと取り組んでいるという。さらに以前、「ホクレア号」というカヌーでハワイから日本まで航海したことがあってという話を聞き、なるほどと思った。この人の「世界」は広いんだ。

いま内野さんはこの店の、数名で囲んだテーブルの一角にいる。店の外には空間が広がっていて、さらにその外には森があり、夜の鳥が静かに鳴いている。空には星がまたたいていて、その一つが西の稜線に沈み、あたらしい星座が東から姿を見せ始めた。上空に昇ると大きな気流があって、その先には太平洋が広がっていて、海原をゆく船の操舵室で、いま水平線に広がる朝焼けを眺めている人がいる。

自転する天体の上にさまざまな場所があり、さまざまな時間が流れていて、同時進行で一緒にどこかへ向かっている。

その大きな動きの中で私はいま夕食のテーブルにいて…なんて彼女が考えているわけはないけど、僕が感じたのはそんな安心感だったと思う。目の前の人々だけでなく、周囲の自然や流れている時間、それら全体への好奇心と信頼感があるというか。心が開かれているというのはそういうことなんじゃないかな。彼女の話をもっと聞いてみたいと思った。

## 人と自然のかかわり

内野　日本の大学を出てハワイの大学へ進んだ理由の一つは、父につながっていると思います。彼は日本庭園をつくる庭師で、私も一緒に地下足袋を履いて木や石の買い付けに行ったり、ユンボの操作もしたり、小学生の頃から思いっ切り労働力としてカウントされていて（笑）。

自然の仕組みの面白さを、たくさん教えてくれた。たとえばなぜ冬になると松に藁を巻くのか。あれは昆虫の習性を逆手にとって寒い時期に集めておいて、春先にバッと外して藁ごと燃やす、虫除けなんです。他にも「こんなふうになっているんだ！」「こんなことができるんだ！」って、自然の面白さを、庭ですごく教えてくれた。

私が興味を抱いているのはずっと、「人と自然のかかわり」です。人はどんなふうに自然とかかわってきたのか、どんなふうに向き合ってゆくのか。その中で私たちはどんな役割を果たしてゆけるのか。

父は10年前に亡くなったけど、傍らでそれを学んで以来ずーっと興味がある。ただそれを「仕事にする」ところで、なかなか形にならなくて、あちこち迷ったり、飛び回りながらやってきました。

大学生の頃、海に夢中になったんです。友人の誘いで伊豆七島の三宅島へ行って。生まれて初めて水中マスクをつけて。

海って、顔をつけたとたん野性の世界が広がっているんですよね。人には住むことのできない自然界がそこにある。たとえば森なら、かなり奥の奥の奥の方まで行かないと人の住めない世界には辿りつかない。けど海は、顔をつけるだけで本当の自然が広がっていた。この事実と面白さを知って、すごく魅力を感じるようになり。大学を卒業してから1年間ＯＬとして働いて必死にお金を貯めて、そしてハワイ大学に留学しました。

ハワイへ行ったもう一つの理由は「ホクレア号」です。

あそこは太平洋の真ん中にポツンとある。地球儀で見ると、ハワイって世界のどこからも一番離れている島々です。じゃあ最初の人たちはどうやってそこに来たのか。

Photo: Kanako Uchino

タヒチやマルケサス諸島の方から来たらしいというのは神話にも残っているし、言葉にも共通する部分がたくさんあり、つながりがあることは以前からわかっていた。当時航海に使われていた双胴のカヌーも復元できた。けどコンパスも海図もない時代にどう渡っていたのか、というところだけが実証されていなくて。

ハワイの人々が失っていたその伝統の航海術を、ミクロネシアのサタワル島に住んでいるマウ・ピアイルグという人が知っていて、まだ使っていることがわかった。電気も水道も車もなにもない、そこにある素材だけで家を建てカヌーをつくっている島で。私もそこを訪ね。マウに航海術を学んでから、ハワイに戻りホクレア号に乗りました。

**カヌーは島**

内野　その航海術を説明してみると。いま私たちの周りに建物も人もなくて、周囲は全部水平線だと想像してみてください。他になにもない。すると360度の水平線が自分を中心にした大きな方位磁石になる。

その日盛りを教えてくれるのが星の名前です。水平線から次々に星が昇ってくるので、その位置を憶えておくのが基本的な考え方。一つの星は、一日に一回しか昇ってくれないので、２００くらいの星の昇る位置と降りてゆく位置を頭に入れておいて、自分のコンパスをどんどん修正しながら海の上を進んでゆくのがスターナビゲーション(星を使う伝統的な航海術)の基本です。

星は３つ見えればだいたい全部わかる。どんな星がいまどこにあるか、地球の裏側までわかるようになるんです。天空を覆う星の絵が頭の中にできてしまえば、それがグルグル回っているだけなので。

でも夜しか星は見えないし、曇ると夜になっても見えない。そういうときは太陽の高さを使ったり、雲の動き、船にあたってくるうねりの角度や、海と空の中で得られる情報をすべて使いながら方角を見出してゆく。

漕ぐには大きすぎるカヌーなので動力は風だけ。帆で風を受けて進んでゆく。だから風のない日は止まっちゃうんですね。

水平線の際の際まで、油を垂らしたように海が真っ平らに凪いだ日があって。雲もそのまま雲の形で映るし、夜には星空がそのまま映り込んで、

Photo: Kanako Uchino

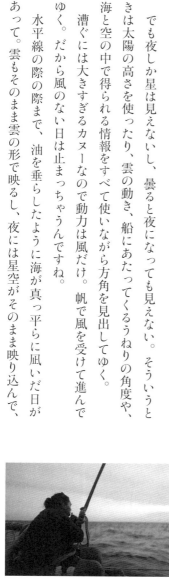

上にも下にもつづいている星空の中にいるような、すごい魔法の中に来ちゃったような時間もあった。

そしてずっと航海をつづけていると、ある日遠くに島影が見える。最初に見えた日本は沖縄でした。でも、「見つけた！」と思った瞬間にまた見えなくなる。それから数時間かけてだんだんはっきり見えてくる。

毎日海と空だけ見ていると、島影が見えたとき、そこに大地があることや、あそこには真水があるということ。木が生えている、森がある、人が住んでいる。もうそれだけのことが、こんな大海原の上にそんなことが現実としてあるんだ…と、本当に不思議に感じられるんです。

それまで考えたこともなかったけど地球の7割は海で、そこに人が住むことはできなくて、生命も受けつけない。そんな世界に「島がある」ことで私たちのいのちが支えられているということを、すごくリアルに体感させられた。

つい忘れてしまうので、今でもその感覚を時々思い出すようにしています。これはあたり前のことじゃない。大地や、緑や、真水や、人の暮らし

Photo: Kanako Uchino

があることそのものの貴重さというか、奇跡のようなものを、ホクレア号の旅はすごく感じさせてくれた。

沖縄に着いてからは少しずつ北上して、全国13ヶ所に寄港しました。船に乗っていたハワイアンのクルーたちから「日本人はこんなに美しい場所をホームと呼べるんだね」と、何度も言われた。最後に横浜港に辿りついて、私のホクレアの旅は終わりました。

ホクレアのストーリーは現代の神話のような気がしていて。それは「この日本でどんなふうに生きてゆく？」というテーマにも通じるところがあると思う。一昨年から教科書に載って。もう2冊、高校の教科書にも載ることが決まって、子どもたちに伝える機会が生まれているのがすごく嬉しい。次世代につなげたいストーリーだなと思っているんです。

すごく小さな船だからわかりやすいんですね。自分が生きるためにいま何が必要かということが、もう手に取るようにわかる。この水があるから私は今日生き延びているとか、このカヌーという空間があるから水に沈まず生きているとか、あなたがいるから私は生きているということが。この

「この日本でどんなふうに生きてゆく？」は奈良の図書館で開かれたフォーラムの前夜プログラム「この地上に、ひとの居場所を」で、西村が投げかけた言葉。

大きさのカヌーの航海には最低でも9人は必要で、私が乗ったときは11名でした。一人では絶対にできない。そんなふうに、自分が生きてここにいることを可能にしているつながりがすごくわかりやすい。

カヌーは大きな島の象徴のようなもので、もっと言ってしまえば、地球という天体も一つのカヌーのようなものなんじゃないか。ハワイにはそんな諺もあるんです。

**寄り道をすべて無駄とは思わないけど**

内野　この航海を通じて私は、人と自然のつながりや、かかわりを学ぶ体験をして。ハワイに戻ってからはその学びを普段の暮らしの中にどう取り入れてゆけるかな？　ということを考えながら、プログラムをつくったり。ある雑誌と一緒に「海は学校」という特集をつくったり。珊瑚の研究や調査をしながら、もう半分は水中写真や執筆や、大学生や子どもたちが海の世界と出会う場づくりをしていました。

そんなとき、高知県の土佐山というところで源流の自然を全部使った学

『Coyote No.36 特集：海は学校／いまだ知られざる水の島、ハワイへ』スイッチパブリッシング（2009）

びの場づくりのプロジェクトを始めるので、よかったら一緒にやりませんか？　と声がかかったんです。４年ほど前。

そのとき私はハワイへ行ってちょうど10年経って、日本に帰るタイミングを探していた一面もあって。お話を聞いていて共感する部分もすごくあり。荷物をまとめ、ハワイの永住権を捨てて日本に戻りました。それが２０１１年。東北の震災のすぐあとくらい。プロジェクトは「土佐山アカデミー」といって。これからの暮らしとか、エネルギー、土や農、自然学とか。子どもから大人まで、いろいろな人を受け入れる学びの場づくりを四国の里山で手がけている。

私って、パッと見たら「自分の好きなことだけ追ってきた」ように見えると思うんです。でも常に迷っていた感じはあり、正直すごく大変な道だった（笑）。

そもそもどんなふうに始まったんだろう。最初は高校のとき、夏休みを使って数ヶ月ニュージーランドに行ったんですね。日本以外の文化に初めて触れて、そこから異文化交流に興味を持った。「同じ人間なのに、なぜ文化が違うだけで争ったりするんだろう？」というのがその頃の大きな問題意識で。それをなんとかしたくて、予防外交や異文化コミュニケーションにすごく興味があった。

で、大学でも学びたい。けどちょうどいい学部が見つからなくて。社会学でもないし文化人類学でもないし。「なんだろう?」というときに、開設5年目くらいのSFC(慶應義塾大学 湘南藤沢キャンパス)が目に入ったんですね。縦割りの学問の壁を取り払って横につなぎますという学部は他にあまりなかった。入試は英語と小論文。もともと英語は好きだったし、とにかくいろんなものを読んで文章を書けばよかったから、受験勉強もすごく楽しくて。

それでSFCに入って。たまたま入学式で隣りになった子が、「自転車で一緒に北海道へ行こう」と夏前に誘ってきたんです。出発の1週間くらい前に自転車を買って、キャンプ道具を積んで出かけて。

その旅の中で初めて「インタープリター」という職業の人に出会った。人と自然をつなぐ仕事をしている人。「こんな仕事があるんだ」「自分がやりたいのはここかも」というのを、そこで直感的に知った。

でも、大学に戻って図書館で調べてもインタープリターについては1冊ぐらいしかなくて。どうしたらいいんだろう？　と。それからは環境教育分野の大学の先生を訪ねたり、いろんな場所に行ってみたけど「これは！」と思う活動をしている人にあまり出会えなかった。もちろん、いい出会いはいっぱいあったけど、自分が仕事として「これをしたい！」というのはあまり見つからなくて。

ただ、友達が連れて行ってくれた三宅島で海の世界と出会って。生まれて初めて足のつかない海に入り。それが私にとってすごい転機だった。

三宅島ではたくさんの珊瑚や魚や、イルカとか、水生生物に出会って。あとジャック・モイヤー博士にも出会い。とにかく面白いし楽しいものだから夏も冬も毎週末通っていて、元旦も海に入っていた。寒かったけど「海！　海だったらもうなんでもいい！」という気分で（笑）。

そんな中でホクレア号の存在も知って。本も読んで。20代はじめの頃私の旅先といえばインドやネパールで、ハワイなんて一生行かないと思っていたのに、急に一番行きたい場所になったんです。「こんな世界があるんだ！」「この航海術を蘇らせた人にも会いたい！」って。

**ジャック・モイヤー**（1929〜2004）
カンザス州出身の海洋生物学者。28歳のとき、中学校の英語教師として三宅島に赴任。島に永住し、海洋生物の生態研究をつづけた。

けど、モイヤー博士にはすごく止められた。「加奈ちゃん、ハワイなんか行ったら一生帰ってこない」って。彼は「仕事がないはずだ」と心配してくれたんですね。ハワイに行っても、日本の大学システムに戻ってくる場所がないかもしれない。大変になるから日本でつづけた方がいいよ、と言われたかな。いろんな言葉で止められて。

でも気持ちはもうホクレア号に向かってしまっていたので、最終的には博士が推薦状も書いてくれて。ハワイ大学に入り、珊瑚の勉強を始めた。大学は2~3年で卒業して。その時、沖縄の慶良間にある研究所の先生が「一緒に働かないか?」と呼んでくれました。いいお仕事をなさっている素敵な先生で。でも断ったんですよね。研究職には就きたくなかった。伝える仕事をしたかった。だからそのままハワイ島に残って、水中写真を実践的に学び始めました。

俯瞰的に見たら研究職の方がスムーズだったのかもしれないけど「私は水中写真やるんだ!」みたいな感じで。案の定、それは素晴らしい世界で、いい写真もいっぱい撮れた。

けど仕事としてつづけてゆくプロフェッショナリズムは、私には十分にはなかった。経営力も。雑誌にもたくさん取り上げてもらったけど「仕事」とするにはまだまだで、生計を立てるという意味ですごく苦労した。

大学も大学院も出て、なんでこんなところで日々写真を撮りながら苦労しているんだろうって。「水中写真を撮って文章を書けば海の世界のことを伝えられる」と、自分の理想だけで、すごいナイーブなモチベーションだけでポーンとそっちへ行ってしまい。でも現実的なものがほとんどついていなくて。

ハワイ大学の研究室の先生が素晴らしい方で、彼が常になにか仕事を与えてくれていたんです。「写真なんか撮っていても絶対食べていけないから」といろんな調査の仕事を回してくれて、なんとか食い扶持は稼いでいたけれど、常にすごく中途半端な感じでした。

２００４年頃から出版物は結構出るようになって、日本でもハワイでも発表できた。けど、これからずっと写真でやってゆく気持ちも固まりきっていない。海中は身体も冷えるし、体力的にも明らかに無理だと感じていて。仕事としてつづけてゆくイメージが全然掴めない。けど後に引けない。じゃあ調査なの？　じゃあ研究者なの？　と自分に訊くけど、どちらでもなくて。「伝えていきたい」「つないでいきたい」という気持ちはあるのだけど、そのアウトプットがどこなのかわからなくて。わからないままあっち行っては下がって、こっち行っては下がってという感じ。

そんな中で、2007年のホクレア号の航海があったんです。それはもう自分の役割としてすごくフィットした。ナイノアがクルーの一人に私を選んでくれたおかげで、日本とのつなぎ役にもなれたし。

日本に着いたときの記者会見を出版社の人が見てくれていて、「企画書を通しますからこのストーリーを書き始めてしまってください!」と言ってくれて。1年後に本を出すこともできて、伝える仕事にもなっていった。

いま思い返してみれば結果的には良かったけど、まったく確証のない危ない橋があちこちにあって。只中の自分には「絶対に大丈夫」なんていう気持ちはまったくない。いつも「私、次どうなるの?」という感じで。

でも、必ず誰かがそこにあらわれてうまくいった。そんな感じだから、この道は他人にはお勧めできない(笑)。

**ナイノア・トンプソン**(1953〜)
ハワイ在住の海洋冒険家・社会活動家。1980年、近代天文学とサタワル島式の航海術を融合させた「スターナビゲーション」で、復活させた古代の船・ホクレアのハワイ/タヒチ間往復航海を成功させる。先住ハワイ人社会で大きな影響力を持つ人物の一人。

いまはもっと感覚で生きてゆけるようになったけど、どちらかというと私は頭で考えちゃうタイプだったんです。自分についても「全然自信ない」というのが根底にあって、そのおかげでした苦労がいっぱいあった。考えすぎてしまってまっすぐ進めなかったり。自信がなくて選べなかったりいっぱいいして。すごい寄り道をしてきた感じがあるんですね。

なので、いま寄り道をしている人の気持ちはわかる感じがするし、その時間を無駄とは思わないけれど、私が体験した「自分に自信がないからどうのこうの」とか「考えすぎてどうのこうの」は、全部バイパスして欲しい。やっぱり無駄ですよ（笑）。

でもそんな私の話が、パッと話すとサクセス・ストーリーのように聞こえるんですよね。「内野さんは海の世界が好きで、ハワイ大学へ行って、ホクレア号に乗って、いまこうしている」と書いてしまえばすごくスムーズに見えるというか。「強靱な精神力と体力ですべてを乗り越えてきた女性」と書かれたこともあるし（笑）。

パーソナル・ブランディングにはまったく興味がないし、ホクレアとか

海洋生物学者とか、自分のそんなイメージは一人歩きしやすいので出来ればば避けたい。日本社会ってすごくヒーローをつくりたがるというか。「この人が引っ張ってくれる」とか「答えを持っている」と、なりがちな気がするんです。

それはハワイにはなかった。たとえば日本だと、どこへ行っても「あのナイノアが来た！」みたいな感じがありました。彼はハワイでもリビング・レジェンド（生きる伝説）と呼ばれている。でもビーチを歩いている彼に知らない人が「よう、ナイノア」と普通に挨拶していたり、「いい仕事してくれてありがとう」みたいな感じで。そこに「どう思います？　これなんとかして」みたいなすがる感じはないんですよ。

日本だとそんなことが起こりやすい。私の話にしてもいいところしか拾わないし。でもそれだと、これから歩いてゆく他の女の子が余計苦しむというか。

みんな迷っているじゃないですか。私も迷っていて、「迷ってる」と言っているのにそこは書いてもらえず、「海が私の生きる道を教えてくれました」とか書かれちゃって。たくさん教わったけれど、まだ迷っているんですけど！　みたいな（笑）。

## 自分が選んだものを

――ご苦労様です（笑）。

内野　いや。かといって「私の人生はこんなに無駄だらけでした」とアピールしたいわけでもない。もう終わったことはよくて、この先のことを一緒に考えられる人といろんなことをしたい。

「こんなプロセスを辿ってきて。今はこう考えていて」というのも、そこはつながりがあるようでない気もするんです。

全部ブワーッとあって、積み重なっていない感じがすごくある。なんかうまく説明できない…というか、言葉は時系列で語ることしかできなくて、時間は一方向に流れているから、話して説明すると一本のラインになってしまうじゃないですか。そこにすごいジレンマがある。私の「今」はいろんなところからグワーッとつながっているのに、話としては一本づつしか説明できない。だから難しい。

迷ったり大変だったことを人のせいにはしたくないけど、私は日本の教育のネガティブな恩恵を直に受けていたなと思います。「答えがある」という教育。正しい答えがあって、ちゃんと調べて勉強してゆけばそこに辿り着ける、という教育をずっと受けてきたと思うんです。

そこから離れるのに少し時間がかかった。航海術を教わっていたとき、ナイノアに「僕は君に情報を与えられるけど、知恵はあげることができない。機会はあげられるけど経験はあげることができない」と何度も言われた。「それは自分でやらなきゃいけない作業なんだよ」ということを教えてもらった。

自分が知ったことを人に伝えることはできる。けど「体験する」には、本人が自分で動いてゆかないと。やっぱり身体を使って感じることが、すごく大切だと思います。

よく「本当の自分ってなんだろう?」という問い掛けがあるじゃないですか。それって私は、知るというより「体験する」もののような気がしていて。自分というのはすごく深遠で、本人も知らないことだらけだし、そ

Photo: Chino Yokomizo

れは解明できない。でも体験することはできると思っていて。

みんな一度、大自然の中で感覚を開く経験をしてみたらいいんじゃないかな。感覚がブワーッ！と開くような体験を、一度か二度ぐらいする機会があったら。

たとえばホクレア号の航海に出て、海と空しかない環境が何十日とつづくと、目や耳がすっごく良くなるんですよ。先を見出す情報を手に入れないとならないので、すごく遠くまで見えるようになったり、ちょっとした気温の変化に気づいたり、風を感じるようになる。舵は３００kgくらいあってそれを右や左に動かすのだけど、間違えて変な方向から強い風があたると帆が破けてしまう。だから風の動きが微妙なときは全身の感覚を使って調整していく。全ての感覚で世界を感じ取りながら。

その感覚は、日常生活でいつも開いているわけじゃない。開いていたら都会なんて歩けない。近くを人が歩いているだけで「情報量マックス」みたいな感じになると思う（笑）。だから閉じておくけど、なくなってはいなくて。感覚を閉じたり開いたりする筋肉を持っていて、いつでもまた呼び戻せると知っているのが大切だと思う。

どうせ上手くいくんだから、なんでもいいって思う。最近は（笑）。答えなんか100通りあって、どの答えでもいいし。それを自分の答えにしてゆけばいいんだ、という感覚を身に付けるのに私はちょっと時間がかかりました。

選んだものを、答えにしてゆけばいいんですよね。

## あとがき

4年前から、徳島県の山あいにある神山町に家を借りて、東京の自宅と行き来しながら、月の半分以上を暮らしている。

この本は、2015年1月に奈良の図書館でひらかれたフォーラムを軸に生まれた一冊で、ご一緒した9名のゲストのインタビューで構成されている。同じ年の夏に出版するはずだった予定が3年近く遅れたのは、神山で始まった仕事の方にのめり込んでしまったからだ。

その仕事は「まちを将来世代につなぐプロジェクト」という。いわゆる地方創生の同町版で、計画づくりにかかわり、誰がするんだ? という局面になり、ひとまず役場の担当者と自分がやる以外ないか…という認識に至り、神山つなぐ公社という地域公社がつくられ、メンバーが集まり、その中心人物の一人として大量の時間を投入してきた。

世の中には、やると片付く仕事とやればやるほど増える仕事の二つがある。まちや地域にかかわる仕事はあきらかにその後者で、全てがつながっているし、なんだか終わりがない。2015年春から秋の執筆エネルギーは、全て同プロジェクトの戦略資料づくりで燃焼した。

その冒頭に「みなさんへ」という書き出しで、こんな文章を載せている。

〝これから中学・高校、あるいは大学等に進んでゆく人たちは、この資料に書かれていることが、今後まちの中にどう実現してゆくか関心を持ってください。そしてタイミングがあれば、ぜひその一角に参画してみてください。

より年上の大人たちは、いま神山に住んでいる人も、町外で暮らしている人も、移り住む先として関心を寄せている人も、ちょっと訪ねてみたいとお考えの方も、いつか還ってみようと考えている人も、ともに力を重ねてゆきませんか。

わたしたちがその取り組みを、夢中になって、楽しんでやってゆくことが大切だと思います。若い世代が私たちの姿を見ているからです。

大人たちが柔軟に、いきいきと生きていることが、地域社会においてなによりの教育資源であり、ひとづくりの基礎を成すものではないかと思います。本資料「まちを将来世代につなぐプロジェクト」は、そうした取り組みの実行プランとして書かれました。〟

戦略を書き終えたら、次は実施が待ち構えているし、やり始めるとさらに見えてくるものがあるわけで、本当にきりがない。生まれ育ったわけでもない、ある仕事で10年前に初めて訪れたこの町の将来について、なんでこんなに一所懸命働いているんだろう？　と、ときどき自問する。翌日の打合せの準備で夜中まで起きていて、静まりかえった谷間に「キーン」と鹿の鳴き声が響く。そんなとき、ことさらそう思う。

町の人も不思議に思っているんじゃないかな。あの人は何が目的なんだろう？ って。さしたる目的はないんですよね。よそで生まれた人間が、「まちをつなぐ」なんて言うのも、考えるのも、変な話だと思ってはいる。

ただ縁は感じている。わからないけど面白いのは、この町で、生まれて初めて出会う少なからぬ人に、どこかで一度会った既視感というか馴染みのようなものを感じていること。「自分とまるで関係のない他人」という感じがしない。これは僕だけなのかな？ それが不思議です。

神山は有名な増田レポートで、消滅可能性の高い全国市町村リストの上からというか下からというか20番目に位置している町だ。なにもせずこれまで通り営んでゆくと、人口は予測以上の速さで減り、自治体としては数十年以内に成立しなくなるだろう。

「町」がなくなっても、人がいる限りそこに暮らしはある。川が干上がるわけじゃないし、人が住めなくなるわけじゃない。いや。でも実際には住めなくなってゆくのだろうな。住まなくなるという方が正確か。ある時点で学校がなくなり、子どものいる家族は通学圏内に教育施設のある町や市に移らざるを得なくなる。そして子どもたちは、この山あいとは違う風土が描かれた校歌をうたい、違う環境で、違う文化圏の人間に育ってゆく。

隣接する大きな自治体の外縁部になり、行政サービスの優先度は下がって、インフラの整備対象からも外れてゆく…といったこと以上に、将来世代があらかじめ失われてしまうことが大きい。それが、一つの文化圏が消えてゆくということだと思う。

前の本にこんな文章を書いた。「これからの暮らしと仕事を、ただの個人のサバイバルや、我慢くらべのような消耗戦にはしないで、ちゃんと文化を生み出してゆくものにするにはどうすればいいんだろう?」。

このことに、ひきつづき関心がある。

より我慢強い人が優位に立つような社会はつまらないし、先がない。本人の生存戦略ばかり考えている人が多い社会にも、できれば居たくない。でも自身のどこかを殺して働いているような人は増えている気がするし、人間の大きさもどんどん小さくなっているように思う。ひとが小さくなっているというのは、それぞれが〝自分事〟として捉える領域が、空間的にも時間軸の上でも、小さく狭くなっているという意味で。

東北で会ったある地域工務店の経営者から、「15年くらい使えればいいとか、メンテナンスの要らない家にしてくれとか、そんな話ばかりでつまらない。家づくりはもっと面白い仕事のはずなのに。住む人もそうだけど、これではつくり手側の大工も育たない。なのでもうやめようと思うんだ」という言葉を聞いた。

大工さんに限った話じゃない。いろいろな仕事が、人を育てない仕事になってきている。

近年、働き方の改革がうたわれている。就労時間をめぐる話題が多すぎる感があるけれど、フレックス制の導入や机のフリーアドレス化、副業規定の見直しや育児休暇の取り方など、話は制度設計にも及んでいて、その一つひとつは結構なことだ。

けど、どんなに働きやすくなったり、たとえばどんなに会議の進め方がクリエイティブになっても、その人がしている〝仕事〟そのものが、「本当は必要ない」とか「将来世代に負債を回しているだけ」と思えてしまうような、つまりあまり意味が感じられないものだったら、どんなに働き方が改革されたところで誰も救われない。それどころか働けば働くほど、自分の時間（いのち）を投入する理由がわからなくなってゆくと思う。

いま必要なのは、働き方や働かせ方の改革ではなく、いい仕事をつくり出してゆくことだと思う。給与や雇用条件でなく、新鮮な価値や意義がたっぷり含まれていて、その中で人がよく育つという点において〝いい〟仕事を、あらたに生み出してゆくこと。

先に「文化を生み出してゆく」と書いた。その文化は、人を育てるものであって欲しい。企業に限った話じゃないな。いい仕事ができる会社と同じように、いい仕事ができる町や地域があったらいい。人がより育つ町と、あまり育たない町の二択があったら、たいていの人は前者で暮らしたいんじゃないか。

ここで言う〝育つ〟とは、あれが出来るとかこれが出来るようになるといった話ではなくて、より安心して生きていられるようになることだ。成長とは、難しい状況でも安心して存在でき、自由に動けて、持ち前の可能性をより展開出来るようになってゆくこと。「まちを将来世代につなぐ」という話も、そこで生きている一人ひとりがそうなってゆく、その先にあるんじゃないかと思う。

ただ人口が増えて、たくさん住んでいればいいわけじゃない。数は「マーケット（市場）がある」ことは保証するが、「社会に必要なものがあらたに創り出される」ことは保証しない。そこにどんな人がいて、どんな関係性があるかというところが大事だ。

僕は冒頭に載せた工房まるの二人のインタビューが好きで、とくに後半の「一緒に冒険をする」話の「で、こちらも一緒に楽しんでいるから、『だよね！』という応答になる。人と人というのは普通そうじゃないのか？」というくだりには、何度読み返してもこみ上げてくるものがある。自分が看過できないなにかがそこにあるんだろう。神話学者のジョセフ・キャンベルがある対談で語っていた、こんな言葉も思い出す。

「人々はよく、われわれみんなが探し求めているのは生きることの意味だと言いますね。でも本当に求めているのはそれではないでしょう。人間が本当に求めているのは〈いま生きているという経験〉だと、私は思います。」

初めて読んだとき涙が出て驚いた。いま生きているという経験。誰かと一緒にする冒険。それが自分がこの人生に求めているものなのかな。そうです。

この4年暮らしている神山はどんなところかと言うと、グリーンバレーというNPOがあって、20年前からアーティスト・イン・レジデンスの活動を重ねている。町からの予算も少ない小さなプログラムだけど、それでも毎年夏から秋にかけて、海外から二人と国内から一人、計三名のアーティストとの交流を重ねてきた。

僕は10年前、その発信力を高めるウェブサイトづくりの相談をうけ、初めて神山を訪ねて町の登場人物の一部と出会った。すごくワクワクしたのは、美術教育を受けたわけでもなければ現代美術ファンでもないそのNPOのおじさんたちが、毎年届く100通以上のエントリーシートに自分たちで目を通して、「このひと面白い」とか言いながら選んでいたことだ。

専門的なことは専門家に、という思考習慣がなく、〝自分たちなりにやる〟ということを力まず自然に実践している。参加アーティストの募集ページには、「潤沢な制作予算や、設備の揃ったアトリエを探している人にはお薦めしません。それらが十分でなくても、町の住民とかかわりながら一緒に制作滞在を楽しみたい方は、どうぞおこしください」と書かれていて、背伸びをしないメッセージの出し方がまたたまらないな、と思った。

半年ほど通って彼らのウェブサイトをつくり。アートの動きにつづく形で、移り住んでくる人々が増え。サテライトオフィスの設置が始まり。カフェやレストランが開業し。新しい集合住宅の開発が始まって。高校と地域の関係が編み直されて…と、いろいろな動きの只中にあるのだけど、この町の一角で積み重ねられているのは、育ちも経験も価値観も異なる者同士による小さな冒険の数々だ。

そのすったもんだを、中学生や高校生も小さな子どもたちも、中に混ざったり、近くに居合わせて一緒に見てゆけるといいと思う。大人が夢中になっている姿、とことんやっている姿、いきいきと働いている姿が、彼らの仕事観や、「この世界にこんなふうに居られるんだな」という了解をつくってゆくと思うので。わたしたち大人にはそういう責任があると思う。

未来の社会がどうなるのかはわからないし、なにが必要とされるのかも、そのときになってみないとわからない。でも状況の準備なら出来るんじゃないか。多様な人がいて、その人々の間によい関係があり、新しい組み合わせが生じやすく、結果としてその時々に必要な仕事や活動がほどよく生まれやすい。そんな状況の準備ができたら面白い。

20代から30代の頃の自分は、なにをして生きてゆくのか？ に最大の関心があった。30代から40代にかけては、自分がしてみたいことより、出会った人となにが出来るのかを考える仕事が増えた。いまは、その場所でやるからよりうまくいくことに関心がある。

「インターネットと宅急便があれば、どこでも働けるし生きていける」という言葉をときどき聞くけど、本当にそうか？と思う。消費者じゃないっちゅーの。その土地や気象、まわりにいる人々、いまの自分の掛け合わせで仕事をつくってゆきたいし、そんな仕事の多い世界で生きていたい。場所、そこに居る人、いまの自分。この掛け算で仕事がつくり出されてゆけば、社会は自然と多様化する。「最近どんな仕事をしているの？」という質問が苦手で、答えに窮することが多いのだけど、不思議な縁を感じる山あいの町でそんな事々に取り組んでいます。

自分の近況を書いておいて、ゲストについては3年前のインタビューどまり、というのは申し訳ない。しかし書き始めるといくらでも長くなるので、ここでは一言づつ。

森山幸治さんは、岡山市議としてさらに活動中。来年の選挙にも出るとのこと。福田俊作さんはまだ世界一周に旅立っていない。けど日々の体力づくりはしっかりつづけているようで、いずれ出かけるんでしょう。野村友里さんは昨年の暮れに青山のホールで、「食の鼓動」というライブパフォーマンスを上演。素っ裸になっている感じがして楽しかった。

南沢典子さんはフォーラムを一つの契機に台湾へ留学。来年２０１９年には、あきゅらいずの新社屋が建つそうです。本城慎之介さんは軽井沢で「風越学園」の開校を準備中。今年は各地から教師やスタッフが集まり、開校前のプロセスをつくってゆく場面。橋本久仁彦さんは日本の隅々に出かけて、人々の話を聞き、聞いて生まれた身体の動きを舞うという、オリジナリティの高い人生を闊歩中。

高山英樹・純子さん家族は、息子・源樹くんのイタリアからの一時帰国を活かしながら、第二の建築環境整備ブームに突入したとか。暮らしづくりに終わりはないんだな。内野加奈子さんは絵本を出版。ハワイで取り組んでいた「海の学校」の活動も再開して、彼女らしい教育の形を編み上げている。

僕にとってはインタビューも、目の前の人と出かける小さな冒険だ。どこへ辿りつくか、あらかじめわからないし、語りながら相手も変わってゆく。自分の視界も変わる。

そもそも、生きていることは変わってゆくことなんだろう。仕事も生活も2度とないことばかりで、誰も同じところに留まっていない。準備が要らないわけじゃないし、ルートも考えるけど、働くことも暮らすことも冒険なのだとしたら、辿り着く先がわからなくても不安じゃないし、望まない出来事に見舞われても、誰のせいにも出来ないしする必要もない。

〝冒険〟という言葉は、ややきれいでロマンティックな表現かもしれない。けど、その中で起こる一つひとつの事実を、他でもない自分の、あるいは自分たちの人生として引き受けてゆけるいい比喩だなと感じています。

工房まるのインタビューからこの本のタイトルをもらいました。樋口さん、ありがとう。

# 謝辞

3年前、奈良の図書館に集まってくれた人たち。そのみんなに合間合間の居場所を提供してくれた、カフェの人々、京都の古本屋さんたち、奈良の書店さん。写真や映像の記録を撮ってくれた人、記事を書いてくださった人。名前は並べませんが、ありがとうございました。あの空間は僕の宝物の一つです。

フォーラムを一緒に考え運用してきた、奈良県立図書情報館の乾聰一郎さん。弘文堂の編集者・加藤聖子さん。装丁から本文組まで、この本の居心地をつくってくれた青木隼人さん。原稿が進まなかったこの3年間、一緒に走ってきた神山の仲間たち。よそから来た自分に道端で挨拶してくれる町の人々。勇気を与えてくれた人。慣れない初めての仕事を遠くから支えてくれた年上年下の先生方。的確に暖かく支えてくれる妻のたりほ。

そして友人の渡辺保史に、自分はこんな本を書いたよと渡したい。人生は基本的に一人旅ですが、胸の中にはたくさんの人がいて、その人たちと一緒に生きています。

## ゲストとファシリテーターが選んだ推薦図書

### 森山幸治

**ラ・ロシュフコー箴言集**　ラ・ロシュフコー／二宮フサ訳　岩波文庫

### 福田俊作

**笑いと治癒力**　ノーマン・カズンズ／松田銑訳　岩波書店
**原始仏教 －その思想と生活**　中村元　NHK出版
**ナチュラルハウスブック**　デヴィッド・ピアソン／前川泰次郎訳　産調出版

### 野村友里

**シェ・パニースへようこそ**　アリス・ウォータース／アン・アーノルド絵／坂原幹子訳　京阪神エルマガジン社
**Noma 北欧料理の時間と場所**　レネ・レゼピ／清宮真理他訳　ファイドン
**料理歳時記**　辰巳浜子　中央公論社

### 南沢典子

**サラリーマン金太郎（第一巻）**　本宮ひろ志　集英社
**三国志（第一巻）**　横山光輝　潮出版社
**完全版 水木しげる伝（上）戦前編**　水木しげる　講談社

### 本城慎之介

**空が青いから白をえらんだのです －奈良少年刑務所詩集**　寮美千子　新潮社
**成功のコンセプト**　三木谷浩史　幻冬舎
**せんせいのつくり方**　岩瀬直樹・寺中祥吾／プロジェクトアドベンチャージャパン監修　旬報社

### 橋本久仁彦

**「里」という思想（新潮選書）**　内山節　新潮社
**日本語の豊かな使い手になるために －読む、書く、話す、聞く**　大岡信　太郎次郎社
**閉された言語空間**　江藤淳　文藝春秋

### 高山英樹・純子

**濱田庄司スタイル －理想の暮らしを求めて**　濱田庄司　美術出版社
**猪谷六合雄スタイル －生きる力、つくる力**　猪谷六合雄　INAX出版
**無尽蔵**　濱田庄司　講談社

### 内野加奈子

**おやすみ神たち**　川島小鳥 写真／谷川俊太郎 詩　ナナロク社

### 西村佳哲

**忘れられた日本人**　宮本常一　岩波文庫
**人間は何を食べてきたか 第1巻（DVD）**　NHK編　NHKソフトウェア／ブエナビスタホームエンターテインメント（発売）
**語るに足る、ささやかな人生**　駒沢敏器　小学館

著者紹介

**西村佳哲**（にしむらよしあき）

1964年 東京生まれ。プランニング・ディレクター。神山つなぐ公社理事。リビングワールド代表。働き方研究家。武蔵野美術大学を卒業後、大手建設会社を経て「つくる・書く・教える」大きく3つの領域で働く。開発的な案件の相談を受けることが多い。
著書に『自分の仕事をつくる』（晶文社／ちくま文庫）、『自分をいかして生きる』『かかわり方のまなび方』（ちくま文庫）、『自分の仕事を考える3日間』『みんな、どんなふうに働いて生きてゆくの？』『わたしのはたらき』（弘文堂）、『いま、地方で生きるということ』（ミシマ社）、『なんのための仕事？』（河出書房新社）、『ひとの居場所をつくる』（筑摩書房）がある。

with

**奈良県立図書情報館**（ならけんりつとしょじょうほうかん）

2005年に奈良市に開館した県立図書館。図書・資料の収集、保存、貸出し、調査・研究サポートのみならず、企画展、講演会、ワークショップ、コンサートをはじめ、ユニークなイベントを行い、文化情報の発信拠点として従来の図書館の枠を超える試みを続けている。そのイベントのひとつとして、開館以来毎年、「働くこと」や「仕事」について考えるフォーラムを企画。

http://www.library.pref.nara.jp/

**一緒に冒険をする**

2018（平成30）年4月30日　初版1刷発行

著　者　西村　佳哲

発行者　鯉渕　友南

発行所　株式会社　弘文堂　101-0062 東京都千代田区神田駿河台1の7
TEL 03（3294）4801　振替 00120-6-53909
http://www.koubundou.co.jp/

協　力　奈良県立図書情報館
ブックデザイン／装画　青木隼人
印　刷　三報社印刷
製　本　井上製本所



ISBN978-4-335-55179-6